THE BOOK OF
KAKURO

All inquiries should be addressed to:
Barron's Educational Series, Inc.
250 Wireless Boulevard
Hauppauge, NY 11788
**www.barronseduc.com**

ISBN-13: 978-0-7641-3543-9
ISBN-10: 0-7641-3543-0

Typeset by E-type, Liverpool
Printed in Great Britain
9 8 7 6 5 4 3 2 1

# THE BOOK OF
# KAKURO

## Over 100 totally addictive number puzzles

**BARRON'S**

# CONTENTS

# INTRODUCTION

Welcome to the wonderful world of Kakuro. This puzzle has been around for many years, but has only recently enjoyed a resurgence in popularity, largely due to the explosion in popularity of logical number puzzles.

Kakuro, like all the best puzzles, is very simple in principle but can become incredibly complicated. As with Sudoku, working out the answer is a case of logical deduction; but unlike Sudoku, you need to be able to add to solve the puzzle. Don't panic though, adding the numbers between 1 and 10 is all you need!

This book features eight different levels of difficulty, from small, Easy puzzles to large, Very Hard puzzles. As you work your way through the book, you should continue to be challenged and you should be on an upward learning curve right through to the last puzzle in the book.

And if this leaves you wanting more (and we hope it will), your friendly bookseller should be able to provide you with more Kakuro to satisfy your every puzzle need.

# HOW TO SOLVE KAKURO

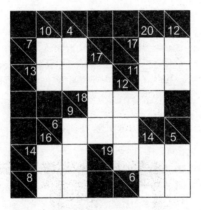

Above is a sample Kakuro puzzle. The best way to solve a puzzle is to tackle it one cell at a time, working out which number goes where using the Across and Down sums of that cell. The Across sums are in the top right half of the black squares and the Down sums are in the bottom left half. The easiest place to start solving the puzzle is where the clue number is small.

Let's start to solve the puzzle from the bottom left white cell on the left (gray on the image). The Down clue is 16 and the Across clue is 8. The only two numbers that can produce the sum of 16 are 9 and 7 (8+8 cannot be used since a digit cannot be used twice in the same row or column). The answer to Across sum 8 cannot include a single digit larger than 7, so the grayed cell must be 7 and the cell above it 9.

Once you fill in all but one cell in a clue, the value in the remaining cell can be calculated by simple subtraction. The second cell in across clue 8 must be 1 (8–7 = 1) and the cell above it must be 5 (Across clue 14 with one 9 already filled in: 14–9 = 5). Similarly, the first cell in Down clue 9 must be 3 (9–5–1 = 3).

Now let us move on to the bottom-right corner of the puzzle. Down clue 14 and Across clue 6 look promising. The possible two-digit combinations that will produce a sum of 14 are 5+9 or 6+8. But the Across clue 6 restricts the value to being 5 maximum. So that cell must be 5. Solving the other squares in the bottom right area should not be a problem.

In this example, the technique of combining one Across clue and one Down clue does not offer any assistance. Look at the grayed cell. This is the only cell that connects the top-left area with the rest of the puzzle. The value in the connecting cell is the difference between the sum of the Across cells and the sum of the Down cells.

In our puzzle, the grayed cell is $(7+13) - (10+4) = 6$.

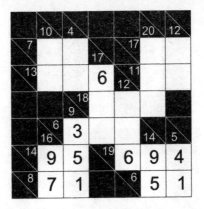

In Down clue 4, we can use digits 1 and 3 only (you can't have 2+2, remember). In Across clue 13, the remaining two cells should make a sum of 7 (13–6). We can use only 3+4 as 1+6 cannot be used (6 is already used).

So the digit common to both Across and Down clues is 3.

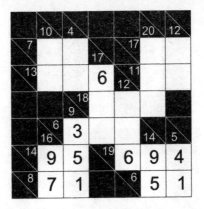

We have now covered the techniques you need to solve Kakuro puzzles. Try to complete the rest of this puzzle yourself…

Solution:

# The Puzzles

# 2

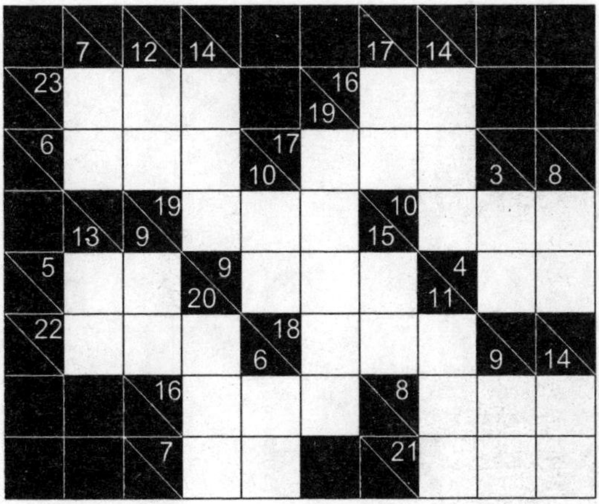

**3**

# 4

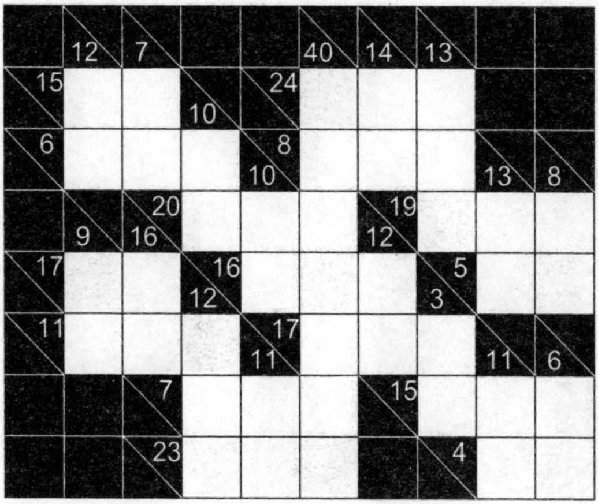

**5**

6

# 7

14 8 13 33 3 17
23 8
9 14 16 11 7
11 13 16 18 6
17 22 11 4 14
13 10 3 5 12
6 21
19 7

# 8

16 5 28 8
7 13 12 10 10 17
18 27 8
7 14 23 11 14
20 6 16 8 17
9 11 12 11 4
17 25
15 3

# 10

9
14
21
21
8
16
23
10
8
13
26
17
5
10
13
3
14
9
20
19
24
11
13
6
15
4
15
11
22
12

# 11

6 16 17 19 20
14 11 11 23 6
14 29 4
9 23 15 13 9
7 7 8 12 8
12 21 9 5 15
20 10
22 13

# 12

4 14 10 31 7 24
8 23 14
19 20 3 5
6 8 12 10 17
16 11 17 13 18
12 20 15 6 12
21 22
9 7

# 13

7 14 16 12 13 3 25
23 10 8
8 24 15
17 12 5 16 20
9 6 21 10
4 10 11 17 12 10
29 22
14 7

# 14

19 14 16 26 14 13
10 8 8 4
22 21 11
23 17 18 12 25
19 13 7 15 15
5 7 11 9 6
16 24
20 22

# 16

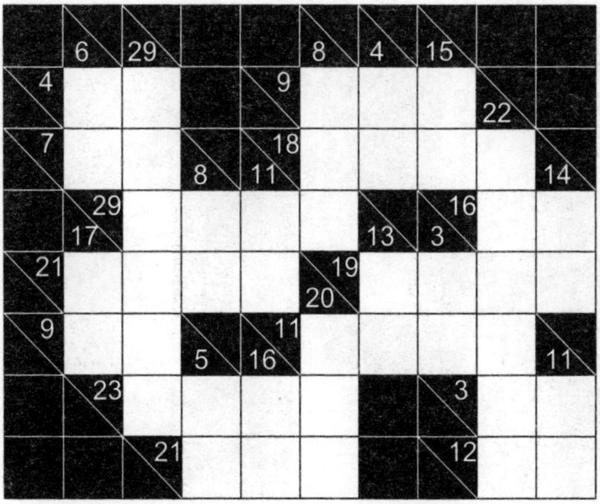

# 17

8
21
32
15
15
4
14
12
10
5
14
7
17
3
11
32
13
8
18
13
23
6
9
14
21
4
16
8
8
6
12
11

# 18

6 13 16 11 8 12 15
14 22
15 9
19 15
12 26
3
23 17 16 20 10
7 32
6 4
29 7
24 11

MEDIUM

**20**

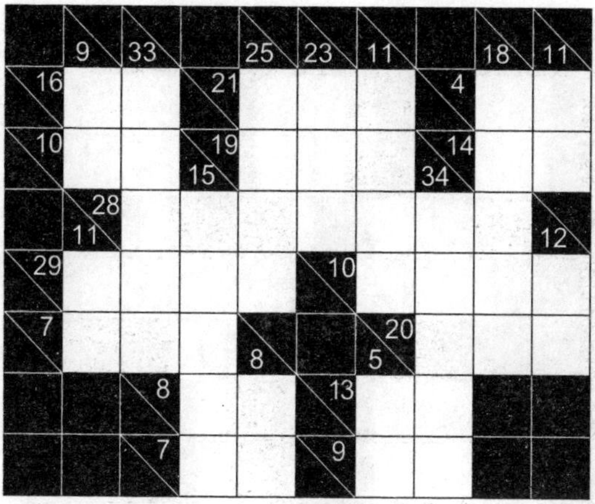

# 22

9 17 8 42 7 20
22 11 10
34 5 11
7 12 8 10 9
16 19 18 10 21
6 17 14 10 4
33
23 17

## 23

17 9 11 25 11 16 10
14 11 10
27 27 10
15 13 30 6 19
37 14
8 7 10 12 11 4
29 12
7 26

# 24

22 12 10 34 30 6 11
29 8 21
15 9 16
13 25 27 28
19 21 12 11
11 17 4 7 6
20 35
6 11

| | | | | | | | | | |
|---|---|---|---|---|---|---|---|---|---|
| ■ | 22\ | 29\ | 5\ | ■ | 30\ | 5\ | ■ | 41\ | 7\ |
| \21 | | | | \7 | | | \11 | | |
| \8 | | | | 14\3 | | | 11\6 | | |
| \13 | | | 4\15 | | | 12\9 | | | ■ |
| ■ | \42 | | | | | | | | 10\ |
| ■ | 10\4 | | | 16\8 | | | 12\8 | | |
| \3 | | | \9 | | | \7 | | | |
| \14 | | | \17 | | | \23 | | | |

**27**

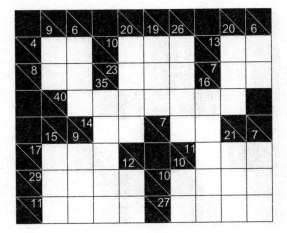

| | | | | | | | | | |
|---|---|---|---|---|---|---|---|---|---|
| ■ | 30\ | 29\ | 3\ | ■ | 7\ | 17\ | ■ | 36\ | 10\ |
| \10 | | | | \11 | | | 9\3 | | |
| \19 | | | | 10\34 | | | | | |
| \12 | | | 6\10 | | | 9\4 | | | 29\ |
| \12 | | | | | 23\11 | | | | |
| ■ | 7\6 | | | 6\14 | | | 5\14 | | |
| \17 | | | | | | \21 | | | |
| \8 | | | \13 | | | \17 | | | |

## 29

15
8
39
14
12
33
7
5
22
8
10
21
11
9
29
11
10
17
13
9
16
7
24
3
22
4
9
10
26
23
11

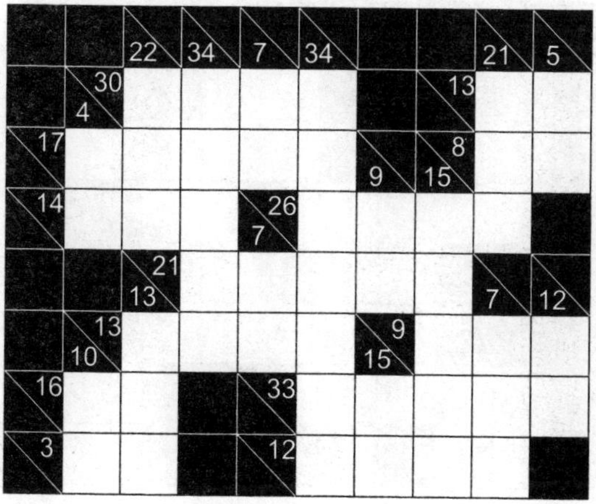

22
34
7
34
21
5
30
4
13
17
8
9
15
14
26
7
21
13
7
12
13
10
9
15
16
33
3
12

# 31

**32**

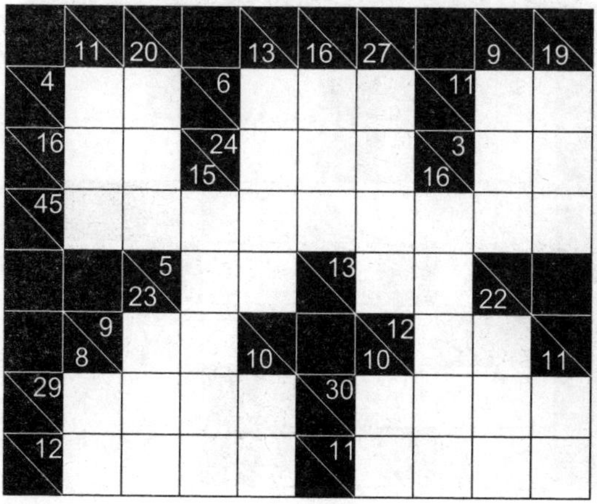

HARD

11 37 14 33 13 30
3 17 15 10 24
12 22 7
5 6 16 20 9 11
45
10 4 8 6 10 15
38 13
12 6 16

# 37

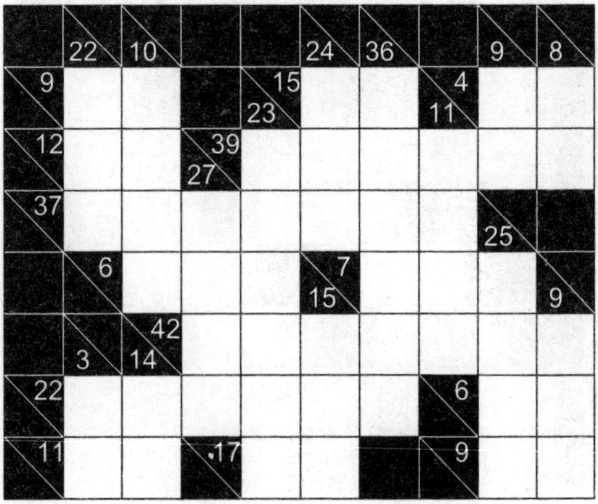

# 38

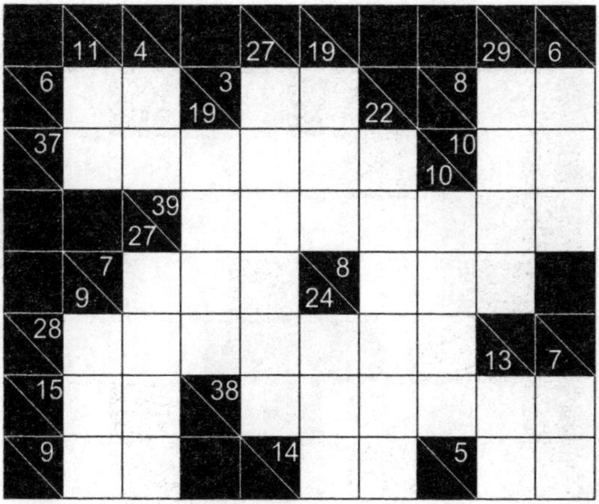

# 39

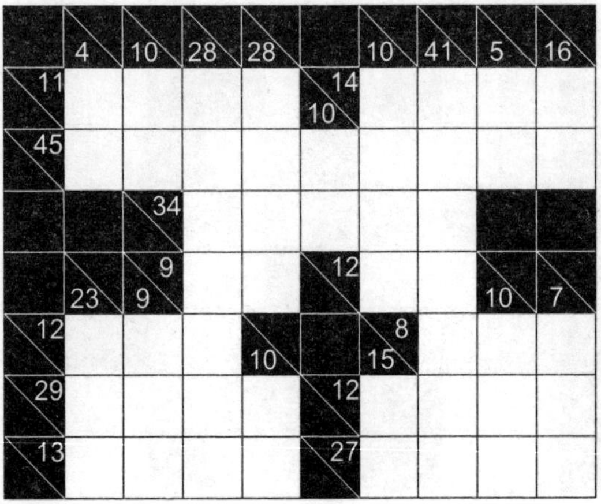

# 40

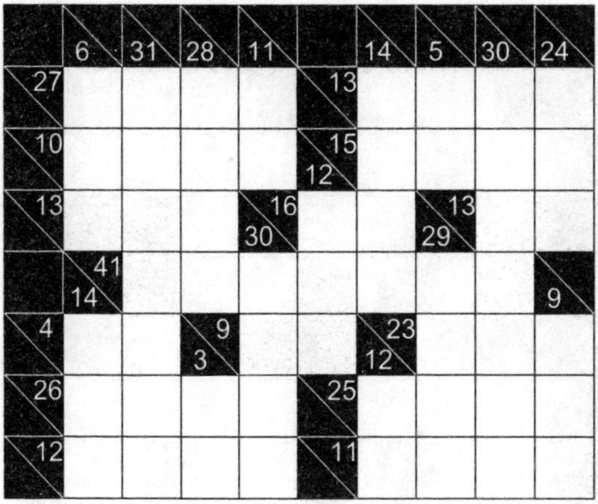
6 31 28 11 14 5 30 24
27 13
10 15 12
13 16 30 13 29
41 14 9
4 9 3 23 12
26 25
12 11

# 41

28 6 35 35 11 11
7 9 22 6 24
45
8 10 10
10 20 3 12 17
4 11 13 7 17 10 14
45
15 11 16

18 13 15 19 22 6 11
23 14 39 4 7
45
3 28 20 29
14 8 6 10
10 9 15 11 14
45
16 8 24

**43**

27 29 9 31 6 42 10
7 7 11 9 13
45
12 4 8 6 12
14 20 17 6
17 5 3 11 7 17
45
3 16 23

9
33
11
28
11
38
13
13
21
23
16
21
9
15
29
7
27
8
10
45
15
9
4
3
14
17
22
9
6
12

VERY HARD

| | | | | | | | | | |
|---|---|---|---|---|---|---|---|---|---|
| ■ | 21↓ | 30↓ | 15↓ | 8↓ | ■ | 25↓ | 16↓ | 42↓ | 6↓ |
| 17→ | | | | | 14→ | | | | |
| 28→ | | | | | 14↓ 27→ | | | | |
| 7→ | | | | 12↓ 10→ | | | 29↓ 11→ | | |
| ■ | 23↓ 34→ | | | | | | | | 8↓ |
| 9→ | | | 9↓ 12→ | | | 11↓ 22→ | | | |
| 30→ | | | | | 24→ | | | | |
| 13→ | | | | | 11→ | | | | |

10
42
10
23
21
29
23
10
17
12
16
14
16
8
15
45
8
24
7
22
18
10
16
9
13
11
30
29

## 49

30 29 9 24 6 13 39 16
16 10
33 24 15
8 22 29 28
22 10 17
32 5 17 9
8 34
15 18

22 28 13 11 29 10 36 24
35 17
16 16
14 8 30 10 29
30 7 8
14 8 12 11
20 15
9 34

**51**

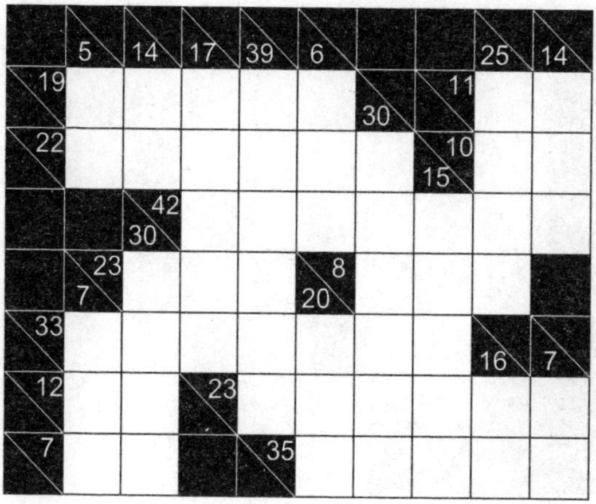
5 14 17 39 6 25 14
19 30 11
22 10 15
42 30
23 7 8 20
33 16 7
12 23
7 35

## 53

18 38 17 11 8 42 19
4 22 15 16 34
45
29 10
11 20 24 14 13 7
13 27 8
45
13 14 11

# 55

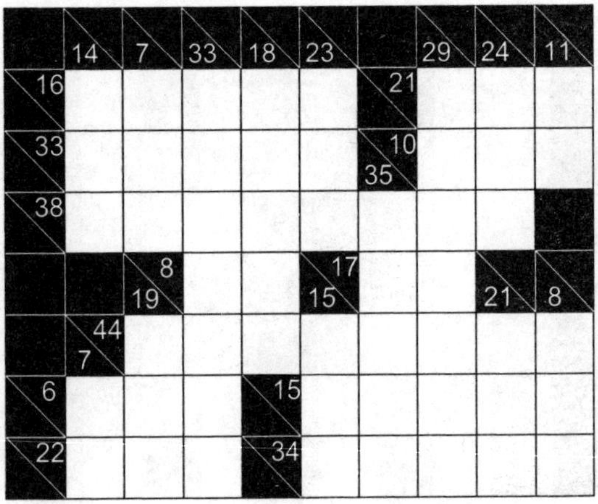

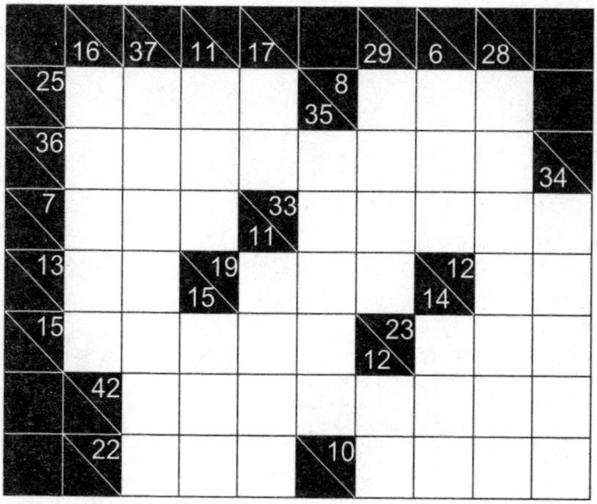
16 37 11 17 29 6 28
25 8 35
36 34
7 33 11
13 19 15 12 14
15 23 12
42
22 10

# Large puzzles

The Kakuro puzzles from here on are bigger, tougher, and more challenging than the puzzles you have been solving until now. The good news is that you use exactly the same principles to solve these puzzles. Enjoy!

EASY

| | | | | | | | | | |
|---|---|---|---|---|---|---|---|---|---|
| ■ | 23\ | 13\ | ■ | 14\ | 9\ | ■ | 11\ | 16\ | 17\ |
| \8 | | | \6 | | | \18 | | | |
| \16 | | | 7\15 | | | 8\22 | | | |
| \14 | | | | 17\8 | | | | 10\ | 24\ |
| ■ | 4\ | 14\11 | | | 9\13 | | | | |
| \12 | | | 6\8 | | | | 12\9 | | |
| \19 | | | | | | 19\21 | | | |
| ■ | 17\ | 22\4 | | | 8\3 | | | 11\ | 15\ |
| \20 | | | | 15\35 | | | | | |
| \6 | | | 12\11 | | | | 10\13 | | |
| \30 | | | | | 14\5 | | | 7\ | 19\ |
| ■ | 10\ | 16\7 | | | | 9\16 | | | |
| \11 | | | | \17 | | | \13 | | |
| \19 | | | | \5 | | | \3 | | |

# 59

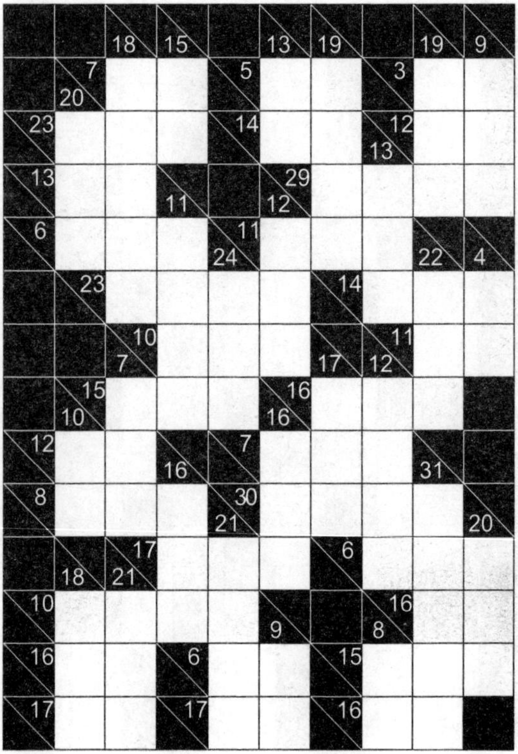

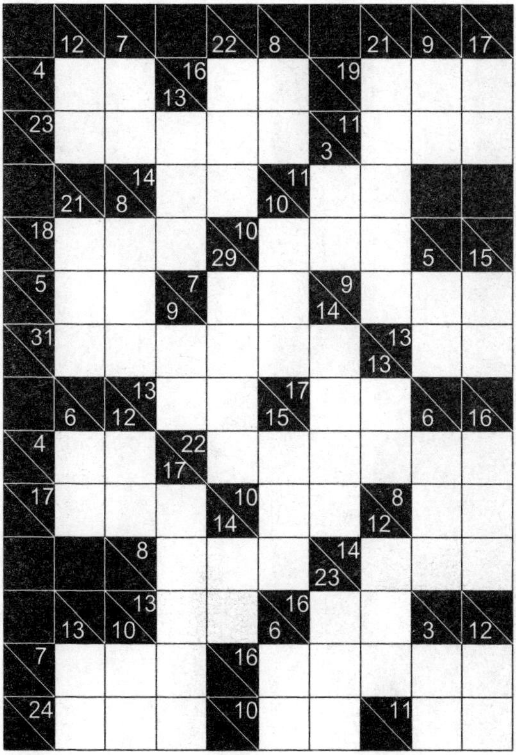

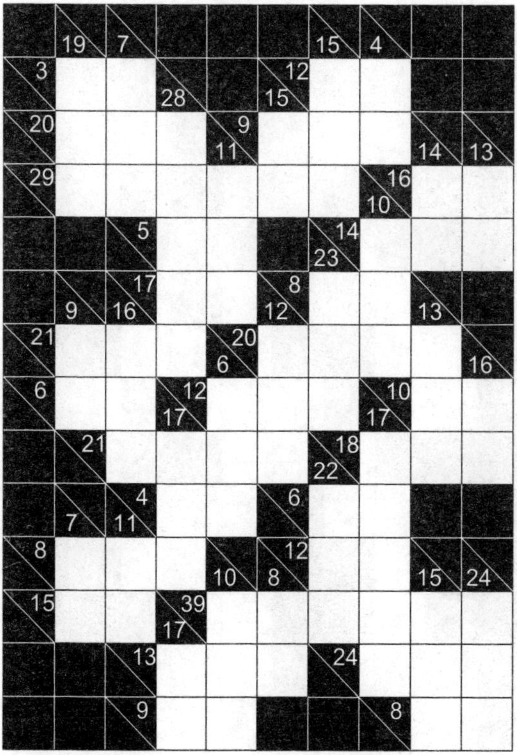

# 63

23 6 21 20 14
9 8 12 10 5
29 8
16 4 7 13 11
19 15 11 15 12 7
19 12 13
3 7 16 21 6
17 20 9 5
15 17 16 18 12 12
10 26
11 14 4 10 24 8
8 9 17 15 5
22 17
6 11

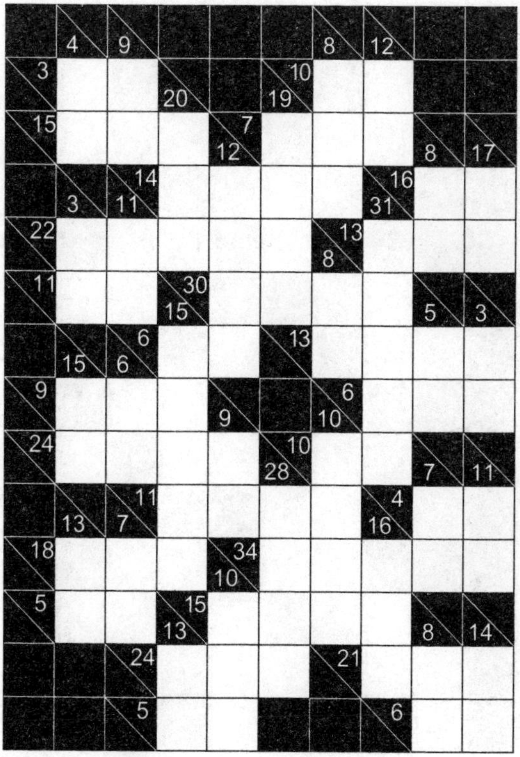

4
7
21
24
8
14
7
9
23
15
11
19
17
22
7
18
6
3
15
16
27
13
17
26
24
11
19
5
21
9
20
9
10
17
10
16
5
34
10
27
12
8
9
7
4
10
12
8
9
12
30
29
6
8

# 68

6 19 16 9 25
5 10
12 23 11 24 3 15
18 13
8 9 34 15
33 14 7
20 14 8 11 5
6 22 26 3 15
16 21 17
15 17 4
17 13 7 18
11 12 10 15
24 13
9 4

# 69

10 17 7 27 11 7
16 10 12 3 23
13 30 11
10 15 15
16 22 16 33 6
9 9 24 14 8
28 12
8 13 32 9 24 17
27 29 5
8 21 22 11 20
31
11 14 5 6 4 4 13
15 11
13 3 12

28 6 31 21 5 23
22 14 21 24
11 22 16
10 23 9 8 11
30 18 19
7 11 14 3 17 20 9
13 25 13
4 20 6 15 8
15 10 19
18 12 30 14 15 17 11
17 16 12
7 16 10 17 13
29 10
15 12

# 71

6
12
3
25
16
24
11
7
8
4
17
27
6
10
11
12
22
12
5
13
21
11
15
14
23
6
4
9
11
7
17
20
15
5
36
8
38
24
6
8
16
14
12
4
10
30
7
30
23
10
3
9
6
7
15
13
3
17
21
15
9
19

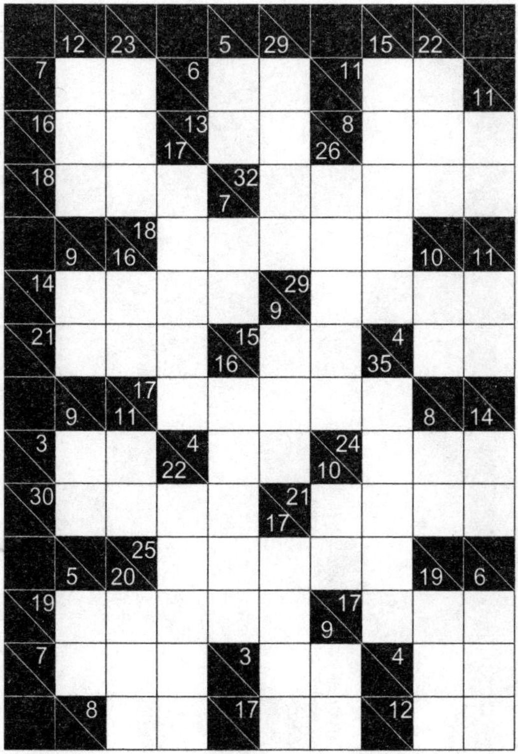

**73**

6 24 11 7 9 14
12 17 5 15 6
10 33 13
23 5 13 17
8 11 29 17 30
7 9 34 26
41 13 4
5 9 16 8 32
9 42 14
35 9 9
8 20 3 6
7 10 17 19 7 16
18 18
13 15 8

MEDIUM

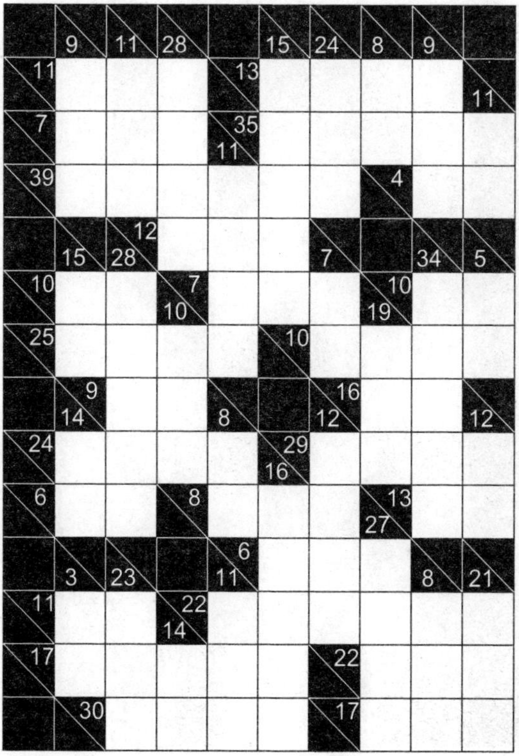

# 77

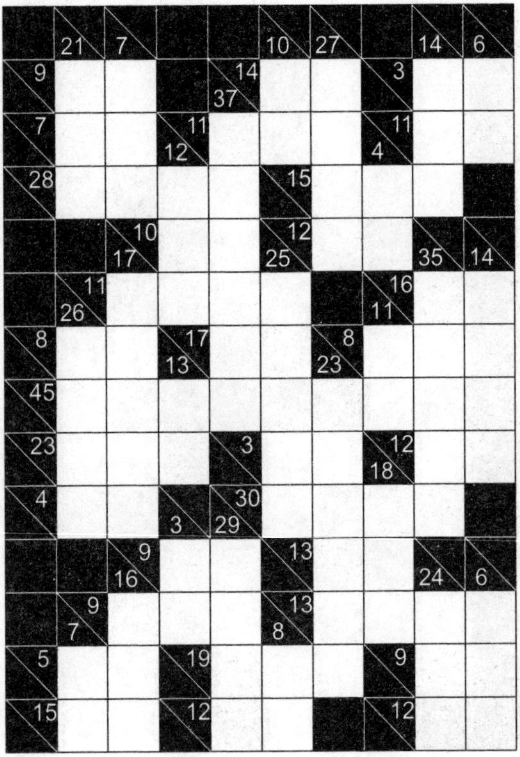

26 30 9 15 37 17
29 6
12 8 17 11 3
16 36
14 20 12 6 7
23 5 8 7 6 24 17
22 33 42
11 7 9 17 8
17 10 35
5 13 14 14 6 10 15
10 21 9 4
22 6 12
8 11
15 27

# 79

| | | | | | | | | | |
|---|---|---|---|---|---|---|---|---|---|
| ■ | 7\ | 17\ | 25\ | 15\ | ■ | 6\ | 3\ | 13\ | ■ |
| \19 | | | | | \7 | | | | 21\ |
| \29 | | | | | 30\10 | | | | |
| ■ | ■ | 15\9 | | | | ■ | 14\12 | | |
| ■ | 24\24 | | | | | 23\22 | | | |
| \12 | | | ■ | 17\15 | | | | 35\ | ■ |
| \8 | | | 27\33 | | | | | | 10\ |
| \29 | | | | | 18\11 | | | | |
| ■ | \16 | | | | | | \16 | | |
| ■ | 17\ | 12\11 | | | | 13\ | 21\10 | | |
| \20 | | | | \16 | | | | | ■ |
| \3 | | | 14\ | 10\12 | | | | 4\ | 16\ |
| \28 | | | | | \26 | | | | |
| ■ | \8 | | | | \21 | | | | |

# 80

12 23 7 8 29 38
4 3 22 13 7
34 20 16
8 16 11 9
17 25 22 5
16 23 14 6 6
15 14 20
10 15 37 11 13 22 21
12 33 18
17 13 30 9 11
12 3 10 24
26 19 7 13
15 18
15 15 14

# 81

12 23 11 17 19 12 8 10
14 29
28 13 30
9 13 12 18 6
15 13 14 10
16 24 23 7 8
11 16 15
24 10 11 3 10 26 9
34 20 14
11 16 27 6 18
16 19 17 22
4 7 17 21 4
25 11
26 16

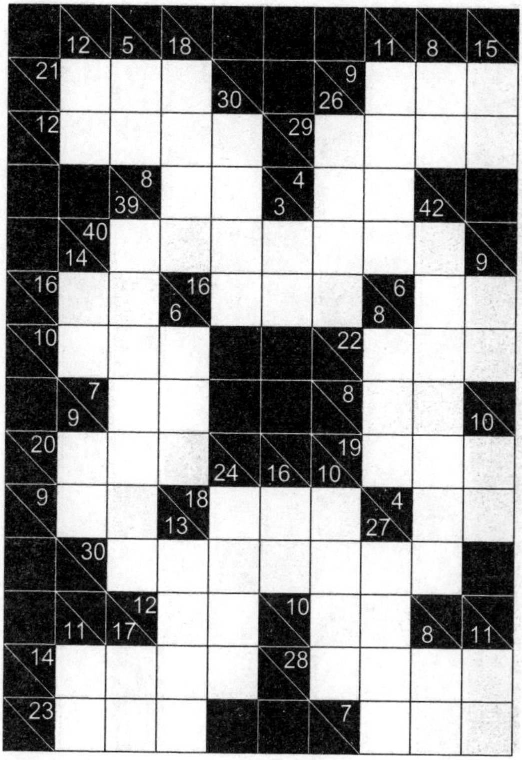

# 83

10 38 17 21 9 13
16 9 8 22
7 12 9 9 35
16 14 15 5
30 22 4
6 12 10 40 5
6 8 12 18 4 17
29 23 7
3 3 17 11 34 13
23 27 11 15 14
28 28 6
12 15 13 12
11 10 11
11 8 16

14 6 9 21 29
7 12 23
7 18 33 8 29
15 3 11 20
9 3 35 33
7 17 5 22
41 17 8
16 10 9 10 12
34
26 10 11 24 19 14
16 6
11 12 8 4 13 16
21 16
10 8

# 85

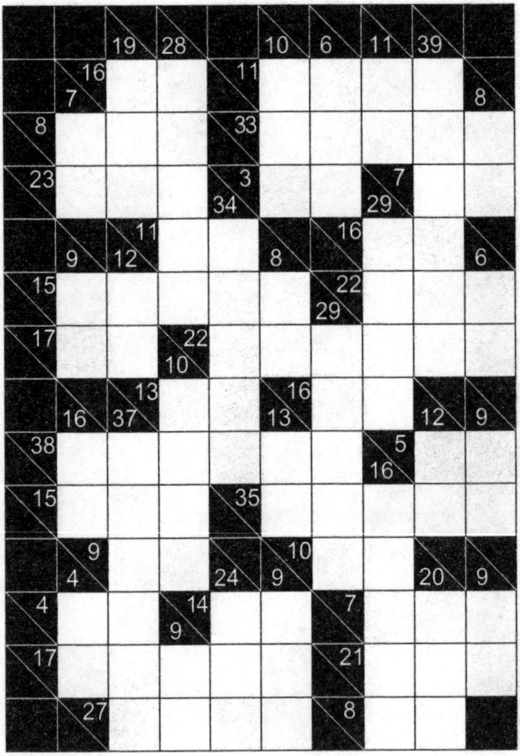

8 21 12 17 37 6 13
14 9 7 17
10 38 11
11 18 18 8 11
7 29 19 4 11
11 39 30
23 3 6 22
12 26 14 10
4 15 13 14 33
22 10 9
12 12 16 20 15
10 23 5 10 9
38 13
6 11 16

# 87

21 9 16 9 31
5 24 30 10
10 16 6 16
33 11
10 26 15 23 20
36 6 28
4 10 22 3
11 17 29 8
29 11 11 18
24 14 7
21 12 24 15 22
8 35 5
17 7
14 17

16
6
15
8
34
3
13
9
14
35
19
10
45
7
7
10
9
17
12
7
10
11
10
23
21
4
22
6
8
5
21
17
7
12
16
17
4
15
15
19
10
11
29
20
22
3
18
24
7
5
12
13
8
12
45
15
9
16

# 89

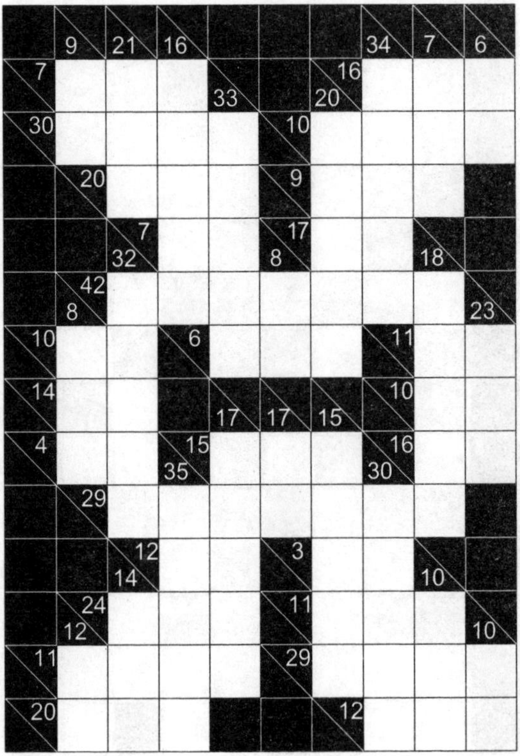

| | | | | | | | | | |
|---|---|---|---|---|---|---|---|---|---|
| ■ | 11\ | 9\ | ■ | 38\ | 7\ | ■ | 11\ | 30\ | 10\ |
| \3 | | | 6\6 | | | \10 | | | |
| \32 | | | | | | 14\21 | | | |
| ■ | 14\ | 35\12 | | | 13\16 | | | | |
| \22 | | | | | | | 28\10 | | |
| \15 | | | 12\29 | | | | | 17\ | 14\ |
| ■ | 3\17 | | | | \12 | | | | |
| \8 | | | | 26\ | ■ | 35\24 | | | |
| \24 | | | | | 4\13 | | | | 8\ |
| ■ | 11\ | 27\13 | | | | | 23\4 | | |
| \8 | | | 18\37 | | | | | | |
| \23 | | | | | 16\13 | | | 11\ | 5\ |
| \20 | | | | \34 | | | | | |
| \7 | | | | \17 | | | \6 | | |

# 91

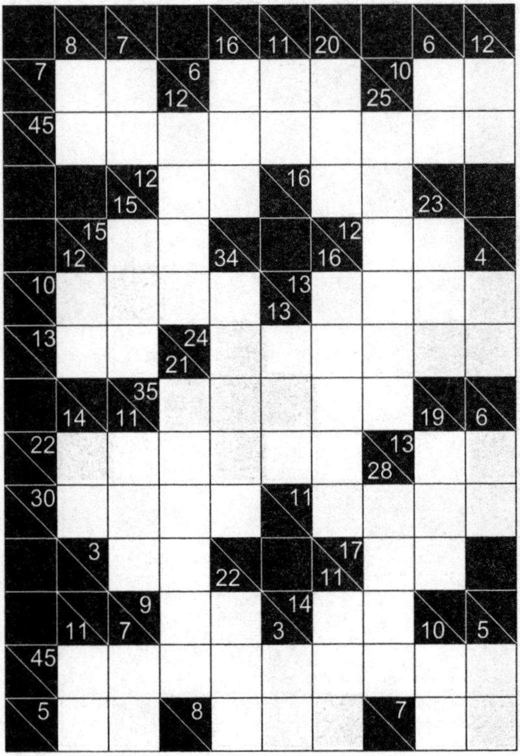

HARD

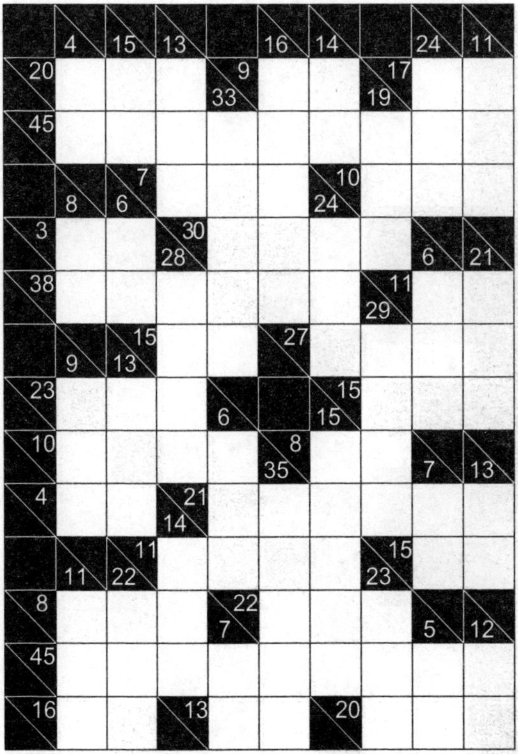

# 93

| | | | | | | | | | |
|---|---|---|---|---|---|---|---|---|---|
| ■ | ↓12 | ↓20 | ↓11 | ↓29 | ■ | ↓17 | ↓8 | ↓6 | ↓19 |
| →12 | | | | | ↓17 →27 | | | | |
| →45 | | | | | | | | | |
| →17 | | | ↓9 →10 | | | | →7 | | |
| ■ | ↓16 | ↓16 →24 | | | | ↓20 | ■ | ↓35 | ↓17 |
| →14 | | | | ↓28 →3 | | | ↓6 →15 | | |
| →10 | | | ↓14 →38 | | | | | | |
| ■ | ↓11 →23 | | | | ↓34 →8 | | | | ↓9 |
| →37 | | | | | | | ↓5 →9 | | |
| →6 | | | →14 | | | ↓11 →21 | | | |
| ■ | ↓22 | ↓15 | ■ | ↓9 →11 | | | | ↓18 | ↓19 |
| →15 | | | ↓13 →7 | | | | ↓14 →4 | | |
| →45 | | | | | | | | | |
| →30 | | | | | →28 | | | | |

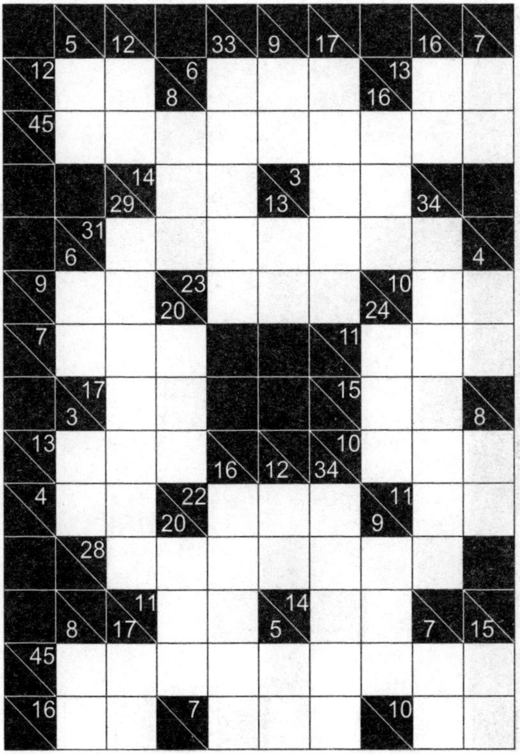

# 95

23 12 21 10 9 45 10
10 13 21 6
17 24
29 11 6 16
5 13 45 7 15 4
9 37 34
10 12
8 5 13 3 38 12
28 30 16
23 7 7
15 11 15 18 8
17 14 15 11
19 33
10 8 10

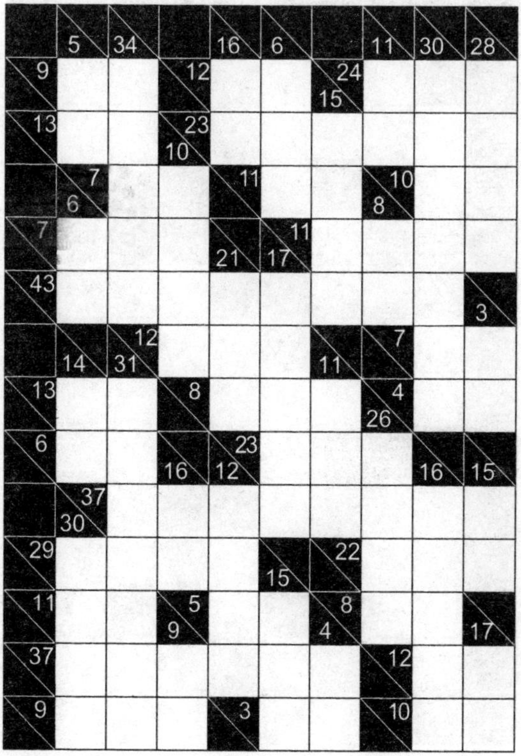

# 97

28 16 16 12 7 34
18 22 10 11
21 28 13
14 17 38 12
16 8 17 37
6 4 10 9
14 23 17 29 3
45
11 30 15 7
29 10 9 23 8
9 35
12 5 8 13 5 15
13 12
20 24

| | | | | | | | | | |
|---|---|---|---|---|---|---|---|---|---|
| ■ | 27\ | 16\ | 37\ | ■ | ■ | ■ | 22\ | 3\ | 6\ |
| \6 | | | | 8\ | ■ | 17\7 | | | |
| \30 | | | | | \14 | | | | |
| \15 | | | | | \13 | | | 23\ | ■ |
| \17 | | | | 34\ | ■ | 15\14 | | | 24\ |
| ■ | \19 | | | | 9\29 | | | | |
| ■ | 14\ | 12\39 | | | | | | | |
| \3 | | | 26\14 | | | | 25\9 | | |
| \31 | | | | | | | | 35\ | ■ |
| \10 | | | | | \11 | | | | 13\ |
| ■ | \15 | | | 5\ | ■ | 12\23 | | | |
| ■ | 9\ | 16\4 | | | \11 | | | | |
| \28 | | | | | \26 | | | | |
| \10 | | | | ■ | ■ | \10 | | | |

# 99

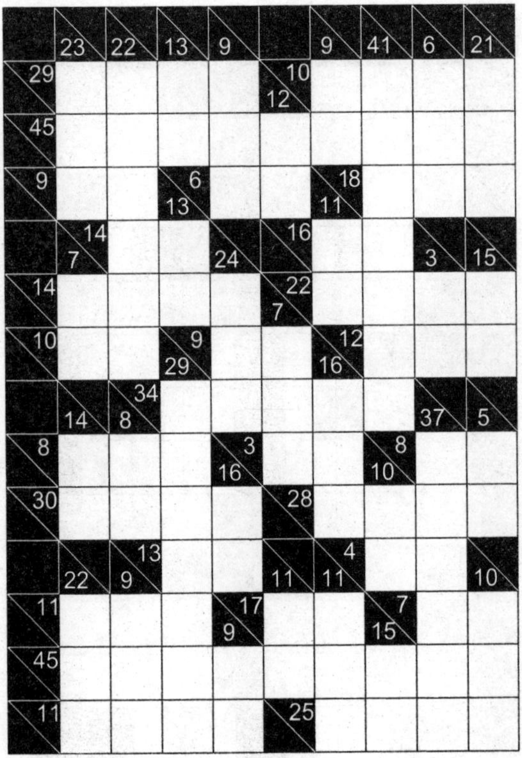

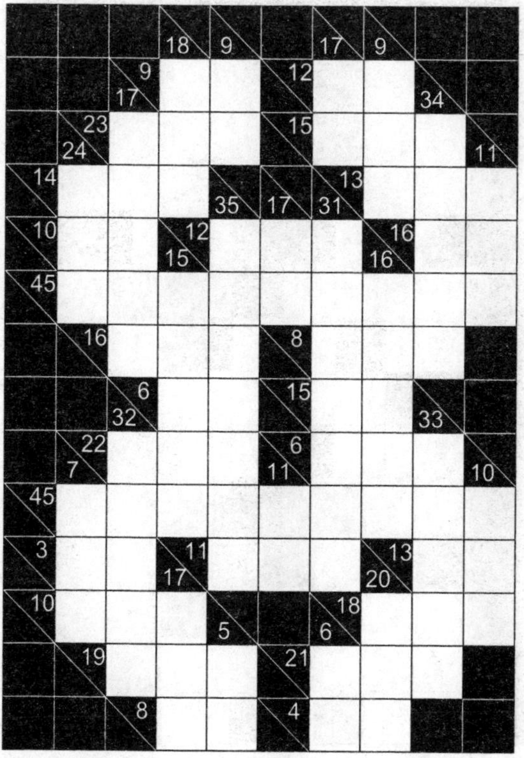

# 101

23 24 11 10 21 22 24
9 15 13 19
12 26 23
9 34 11
16 16 14 14
20 14 7 21
18 12 29
8 35 38 37 9
22 15
6 14 28 30
11 20 29 8 7
16 10 5
39 10
17 11 4

| | | | | | | | | | |
|---|---|---|---|---|---|---|---|---|---|
| ■ | 14\ | 27\ | ■ | 8\ | 12\ | ■ | 6\ | 25\ | 29\ |
| \11 | | | \3 | | | 21\8 | | | |
| \17 | | | 16\38 | | | | | | |
| \6 | | | | 9\5 | | | 15\16 | | |
| \13 | | | | | 33\30 | | | | |
| ■ | 6\ | 20\35 | | | | | | 19\ | 10\ |
| \7 | | | | 39\7 | | | 34\8 | | |
| \45 | | | | | | | | | |
| \9 | | | 4\17 | | | 11\24 | | | |
| ■ | 13\ | 22\15 | | | | | | 11\ | 26\ |
| \10 | | | | 16\28 | | | | | |
| \13 | | | 14\10 | | | 6\19 | | | |
| \22 | | | | | | | \10 | | |
| \23 | | | | \13 | | | \4 | | |

# 103

# 104

24 9 4 7 21 5
12 8 22 10 23
13 23 16
13 14 16
5 35 17 15 22 26
18 14 3
35 11 21 32
45
9 34 9
8 15 12
12 20 4 19 11
7 11 29 6 15
38 3
8 10 11

# 105

# 106

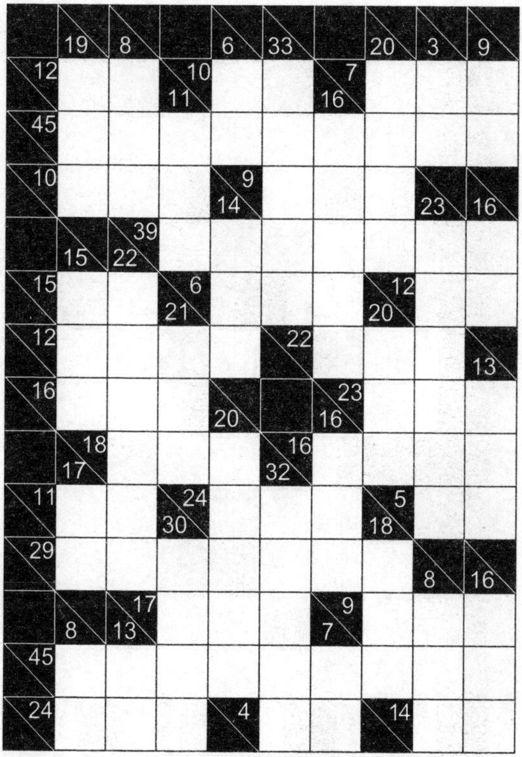

# 107

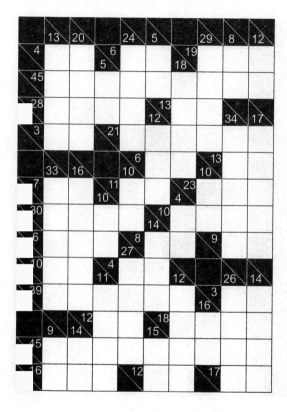

# 109

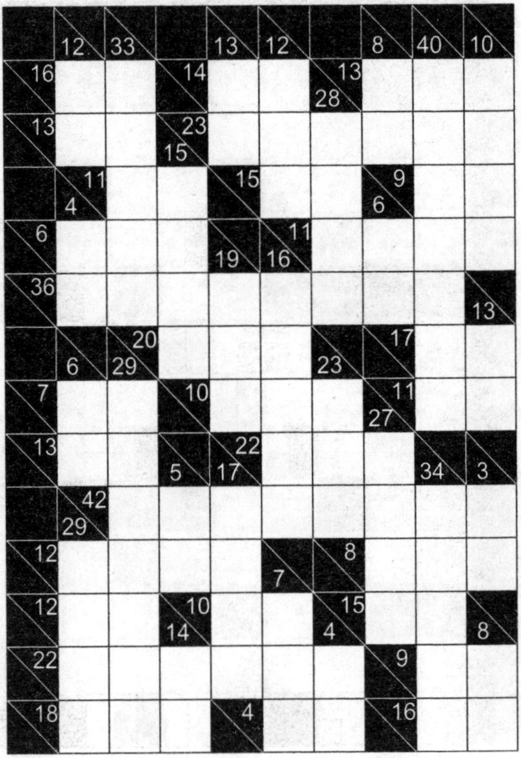

28
6
10
11
10
18
24
4
30
13
7
10
32
13
28
12
29
16
15
16
19
14
17
11
3
13
34
10
33
45
4
10
17
15
8
27
12
6
6
12
19
14
10
11
14
9
23
27
9
8

# 111

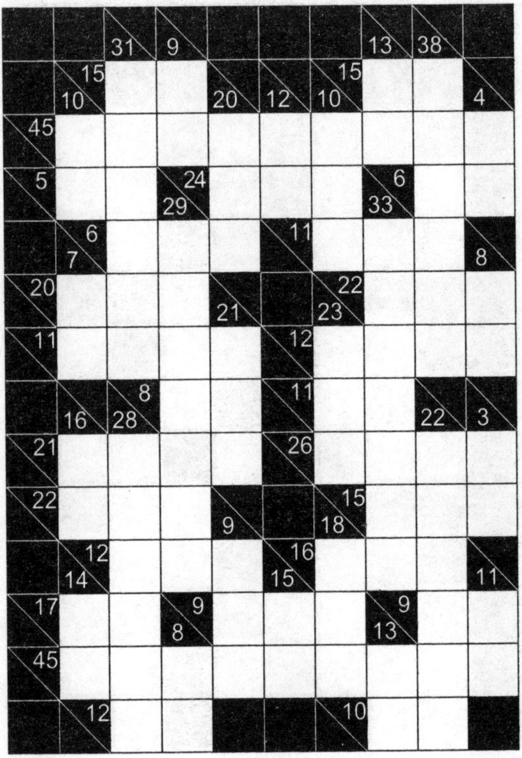

7
38
10
39
15
27
15
20
13
7
6
9
22
10
6
30
25
6
11
5
10
11
26
11
35
21
15
18
8
9
22
17
21
37
16
34
24
14
3
23
12
16
29
22
17
20
12
4
12
16
19
14
8
23

# 113

| | | | | | | | | | |
|---|---|---|---|---|---|---|---|---|---|
| ■ | 8\ | 16\ | ■ | 13\ | 5\ | 28\ | ■ | 7\ | 13\ |
| \14 | | | 32\10 | | | | 19\13 | | |
| \45 | | | | | | | | | |
| ■ | 17\ | 9\3 | | | \12 | | | 15\ | 10\ |
| \17 | | | | 10\ | 33\13 | | | | |
| \34 | | | | | | 20\23 | | | |
| ■ | \38 | | | | | | | | ■ |
| ■ | ■ | 21\ | 16\6 | | | | 15\ | 24\ | ■ |
| ■ | 15\28 | | | | | | | | 12\ |
| \18 | | | | 27\35 | | | | | |
| \30 | | | | | ■ | 18\16 | | | |
| ■ | 3\ | 6\10 | | | 8\9 | | | 11\ | 4\ |
| \45 | | | | | | | | | |
| \3 | | | \7 | | | | \6 | | |

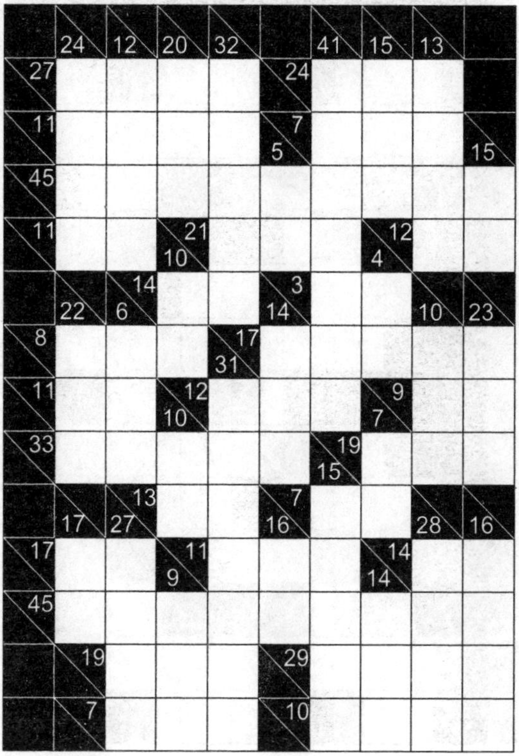

# 115

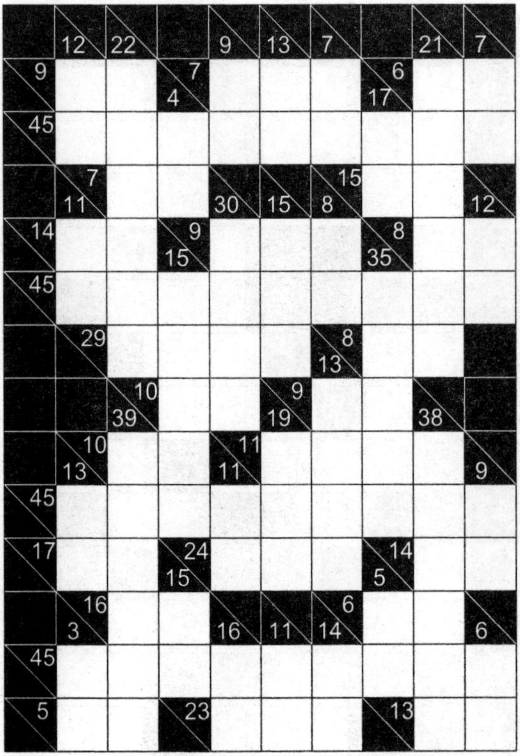

| | | | | | | | | | |
|---|---|---|---|---|---|---|---|---|---|
| ■ | 15\ | 42\ | ■ | 7\ | 21\ | 10\ | ■ | 35\ | 16\ |
| \9 | | | \19 | | | | 21\17 | | |
| \14 | | | 18\23 | | | | | | |
| ■ | 12\27 | | | | | 16\8 | | | 4\ |
| \23 | | | | ■ | \16 | | | | |
| \7 | | | | 34\ | 18\11 | | | | |
| \11 | | | 30\17 | | | | | 34\ | 13\ |
| \45 | | | | | | | | | |
| ■ | 11\ | 15\30 | | | | | 22\12 | | |
| \29 | | | | | ■ | \17 | | | |
| \10 | | | | | 20\ | 10\8 | | | |
| ■ | 6\5 | | | 10\22 | | | | | 7\ |
| \38 | | | | | | | \13 | | |
| \3 | | | \6 | | | | \7 | | |

# 117

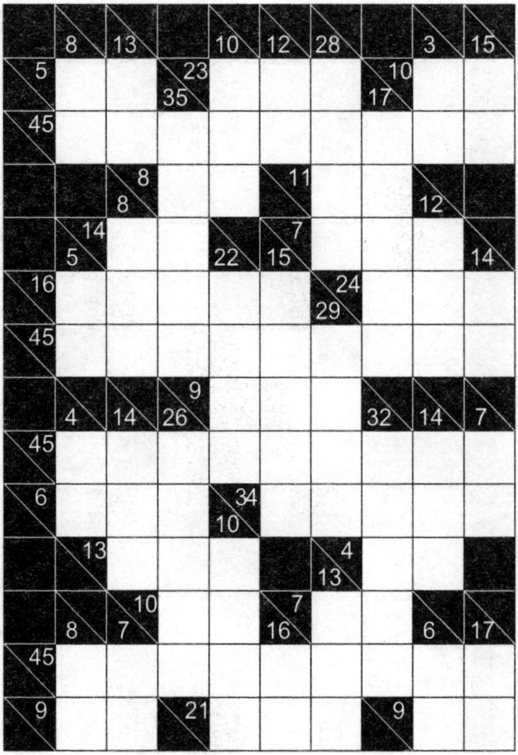

| | | | | | | | | | |
|---|---|---|---|---|---|---|---|---|---|
| | 4\ | 17\ | 15\ | 21\ | | 35\ | 30\ | 3\ | 10\ |
| \16 | | | | | \26 | | | | |
| \14 | | | | | 10\12 | | | | |
| | | 28\35 | | | | | | 33\ | |
| | 11\33 | | | | | | | | 12\ |
| \8 | | | 23\9 | | | | 7\6 | | |
| \29 | | | | | \27 | | | | |
| | 10\9 | | | 33\ | | 38\8 | | | 15\ |
| \13 | | | | | 12\15 | | | | |
| \9 | | | 10\6 | | | | 24\14 | | |
| | \28 | | | | | | | | |
| | 11\ | 9\34 | | | | | | 16\ | 5\ |
| \27 | | | | | \24 | | | | |
| \12 | | | | | \28 | | | | |

## 119

10 38 11 18 11 21 9
20 16 23 5 41
45
13 12 19 10
25 12 14
9 29 14 37 15
3 4 34 30
26 12 6
16 7 9
16 6 13 28
8 17 24 14 12
10 27 10 8
45
14 5 7

14 45 21 22 4 14 8
6 19 18 3 16
45
10 8 22 22
18 17 45 9
16 5 12 11
7 15 9 28 15 10
45
9 9 14 10 12
11 13 11 13
20 23 8 7 24
6 27 4 13
45
9 10 15

# 121

5 8 6 10 30 15 9
3 20 15 7 18
45
4 19 17 28 10
3 11 12 24 16
29 11 26
45
23 17 16 16 17 21 10
45
24 35 28
10 6 8
9 6 14 5 17 12 13
45
14 22 11

| | | | | | | | | | |
|---|---|---|---|---|---|---|---|---|---|
| ■ | ■ | 23\ | 18\ | ■ | 18\ | 10\ | ■ | 20\ | 8\ |
| ■ | 11\17 | | | \8 | | | 23\10 | | |
| \18 | | | | 40\34 | | | | | |
| \20 | | | | | | 39\9 | | | |
| ■ | 12\ | 6\3 | | | 10\16 | | | 14\ | 4\ |
| \45 | | | | | | | | | |
| \4 | | | 38\37 | | | | | | |
| ■ | 14\ | 3\6 | | | 4\5 | | | 9\ | 13\ |
| \22 | | | | | | | 35\16 | | |
| \45 | | | | | | | | | |
| ■ | 22\ | 7\15 | | | 11\7 | | | 10\ | 13\ |
| \21 | | | | 12\15 | | | | | |
| \16 | | | | | | \24 | | | |
| \8 | | | \15 | | | \11 | | | ■ |

# 123

23 37 6 15 5 20 17
10 10 11 16 30
45
17 3 3 24 8
7 4 14 34 10 13
9 15 9
11 8 21 19 11
8 33 17 24 12
13 12 9 14 9
35 6 16
22 3 14 21 18 17
8 15 10 17 13
45
15 4 17

| | | | | | | | | | |
|---|---|---|---|---|---|---|---|---|---|
| | 19\ | 27\ | 15\ | 10\ | | 24\ | 21\ | 12\ | 5\ |
| \29 | | | | | \18 | | | | |
| \13 | | | | | 4\28 | | | | |
| \6 | | | | 12\7 | | | | 34\ | 6\ |
| \37 | | | | | | | 9\13 | | |
| | 7\ | 32\3 | | | 16\10 | | | | |
| \11 | | | 18\4 | | | 14\15 | | | 5\ |
| \45 | | | | | | | | | |
| | 13\3 | | | 16\8 | | | 35\7 | | |
| \30 | | | | | 11\10 | | | 11\ | 24\ |
| \14 | | | 23\39 | | | | | | |
| | 9\ | 16\12 | | | | 17\8 | | | |
| \20 | | | | | \27 | | | | |
| \26 | | | | | \22 | | | | |

# Solutions

**1**

```
7 9 . . . . 1 3 .
6 5 2 . 6 2 4 . .
. . 6 9 5 . 5 9 4
8 9 . 7 4 3 . 6 1
1 3 5 . 3 9 4 . .
. . 9 5 1 . 6 7 9
. . 3 1 . . 1 2 .
```

**2**

```
6 9 8 . . . 9 7 .
1 3 2 . 5 8 4 . .
. . 4 8 7 . 3 2 5
4 1 . 2 1 6 . 1 3
9 8 5 . 4 9 5 . .
. . 9 5 2 . 2 1 5
. . 6 1 . 4 8 9 .
```

**3**

```
. 2 4 1 . . . 3 1
1 3 8 2 6 . 4 7 2
5 9 . . 8 6 9 . .
. 1 3 7 . 2 6 4 .
. . 1 9 5 . . 1 4
9 6 2 . 2 1 6 3 9
8 1 . . 7 9 5 . .
```

**4**

```
9 6 . . 7 9 8 . .
3 1 2 . 1 5 2 . .
. . 8 7 5 . 3 9 7
8 9 . 3 8 5 . 4 1
1 7 3 . 9 7 1 . .
. . 1 2 4 . 2 8 5
. . 8 9 6 . 3 1 .
```

**5**

**6**

**7**

**8**

**9**

| 1 | 7 |   |   |   | 1 | 4 | 2 |   |
|---|---|---|---|---|---|---|---|---|
| 2 | 9 | 4 |   | 1 | 3 | 9 | 4 | 8 |
|   |   | 6 | 3 | 7 |   |   | 1 | 4 |
| 1 | 4 |   | 1 | 2 | 3 |   | 5 | 9 |
| 2 | 9 |   |   | 3 | 9 | 4 |   |   |
| 6 | 8 | 7 | 9 | 5 |   | 2 | 9 | 8 |
|   | 2 | 1 | 8 |   |   |   | 6 | 1 |

**10**

|   | 7 | 9 |   |   | 9 | 8 | 6 |   |
|---|---|---|---|---|---|---|---|---|
|   | 2 | 5 | 1 |   | 8 | 3 | 2 |   |
|   |   | 3 | 1 | 4 | 2 |   | 9 | 4 |
| 1 | 5 | 6 | 8 |   | 7 | 3 | 8 | 1 |
| 2 | 9 |   | 3 | 7 | 1 | 2 |   |   |
|   |   | 1 | 5 | 9 |   | 4 | 6 | 1 |
|   |   | 5 | 9 | 8 |   |   | 9 | 3 |

**11**

| 5 | 9 |   |   |   | 8 | 2 | 1 |   |
|---|---|---|---|---|---|---|---|---|
| 1 | 7 | 6 |   | 3 | 9 | 8 | 7 | 2 |
|   |   | 5 | 3 | 1 |   | 9 | 3 | 1 |
| 6 | 1 |   | 1 | 4 | 2 |   | 9 | 3 |
| 9 | 2 | 1 |   | 9 | 7 | 5 |   |   |
| 8 | 3 | 2 | 1 | 6 |   | 3 | 1 | 6 |
|   | 9 | 5 | 8 |   |   |   | 4 | 9 |

**12**

| 1 | 5 | 2 |   |   | 9 | 6 | 8 |   |
|---|---|---|---|---|---|---|---|---|
| 3 | 9 | 7 |   | 7 | 1 | 9 | 3 |   |
|   |   | 1 | 2 | 3 |   | 7 | 2 | 1 |
| 7 | 9 |   | 1 | 2 | 8 |   | 9 | 4 |
| 1 | 2 | 9 |   | 4 | 9 | 7 |   |   |
|   | 1 | 6 | 9 | 5 |   | 9 | 5 | 8 |
|   |   | 2 | 6 | 1 |   | 2 | 1 | 4 |

**13**

| 6 | 9 | 8 |   | 2 | 4 | 1 | 3 |   |
|---|---|---|---|---|---|---|---|---|
| 1 | 5 | 2 |   | 7 | 9 | 2 | 5 | 1 |
|   |   | 5 | 9 | 3 |   |   | 9 | 7 |
|   | 2 | 1 | 6 |   | 4 | 9 | 8 |   |
| 1 | 3 |   |   | 6 | 1 | 4 |   |   |
| 5 | 6 | 8 | 9 | 1 |   | 5 | 8 | 9 |
|   | 1 | 2 | 8 | 3 |   | 2 | 4 | 1 |

**14**

|   | 2 | 1 | 7 |   | 2 | 5 | 1 |   |
|---|---|---|---|---|---|---|---|---|
| 2 | 8 | 3 | 9 |   | 8 | 9 | 3 | 1 |
| 6 | 9 | 8 |   | 8 | 9 |   | 9 | 3 |
|   |   | 2 | 3 | 1 | 7 | 6 |   |   |
| 4 | 1 |   | 5 | 2 |   | 2 | 1 | 6 |
| 9 | 2 | 4 | 1 |   | 1 | 8 | 6 | 9 |
|   | 4 | 7 | 9 |   | 5 | 9 | 8 |   |

**15**

|   | 7 | 1 |   |   | 5 | 9 | 8 |   |
|---|---|---|---|---|---|---|---|---|
| 9 | 6 | 1 |   | 2 | 1 | 4 |   |   |
|   | 8 | 5 | 9 | 3 |   |   | 9 | 8 |
| 1 | 2 |   | 6 | 1 | 2 |   | 3 | 1 |
| 5 | 9 |   |   | 7 | 9 | 1 | 6 |   |
|   |   | 9 | 6 | 8 |   | 3 | 2 | 9 |
|   |   | 3 | 1 | 6 |   |   | 1 | 4 |

**16**

|   | 1 | 3 |   |   | 2 | 1 | 6 |   |
|---|---|---|---|---|---|---|---|---|
| 5 | 2 |   |   | 1 | 3 | 9 | 5 |   |
|   | 9 | 7 | 8 | 5 |   |   | 7 | 9 |
| 9 | 8 | 1 | 3 |   | 8 | 2 | 4 | 5 |
| 8 | 1 |   |   | 3 | 5 | 1 | 2 |   |
|   | 6 | 1 | 7 | 9 |   |   | 1 | 2 |
|   | 4 | 9 | 8 |   |   | 3 | 9 |   |

**17**

| 5 | 9 |   |   |   | 3 | 9 |   | 7 | 3 |
|---|---|---|---|---|---|---|---|---|---|
| 1 | 4 |   |   |   | 1 | 6 |   | 2 | 1 |
| 2 | 8 | 7 | 9 | 6 |   |   | 7 | 6 |   |
|   |   | 3 | 8 | 4 | 2 | 1 |   |   |   |
|   | 5 | 4 |   | 2 | 6 | 3 | 9 | 1 |   |
| 9 | 7 |   |   | 1 | 7 |   |   | 6 | 2 |
| 5 | 1 |   |   | 3 | 9 |   |   | 8 | 3 |

**18**

| 2 | 1 | 7 | 4 |   |   | 5 | 8 | 9 |
|---|---|---|---|---|---|---|---|---|
| 1 | 3 | 9 | 2 |   |   | 2 | 1 | 6 |
| 3 | 9 |   | 5 | 9 | 8 | 1 | 3 |   |
|   |   |   |   | 2 | 1 |   |   |   |
| 6 | 1 |   | 2 | 8 | 6 | 9 | 7 |   |
| 9 | 7 | 5 | 8 |   |   | 4 | 2 | 1 |
| 8 | 9 | 1 | 6 |   |   | 7 | 1 | 3 |

**19**

| 9 | 8 | 7 |   | 6 | 8 | 9 | 5 | 7 |
|---|---|---|---|---|---|---|---|---|
| 2 | 1 | 4 |   | 1 | 3 | 4 | 2 | 6 |
|   |   | 8 | 6 | 5 |   |   | 1 | 8 |
| 8 | 3 | 9 | 2 |   | 1 | 2 | 3 | 9 |
| 9 | 1 |   |   | 9 | 3 | 4 |   |   |
| 7 | 4 | 6 | 9 | 8 |   | 6 | 9 | 8 |
| 5 | 2 | 1 | 3 | 4 |   | 1 | 7 | 3 |

**20**

| 7 | 9 |   | 7 | 9 | 5 |   | 1 | 3 |
|---|---|---|---|---|---|---|---|---|
| 2 | 8 |   | 9 | 8 | 2 |   | 6 | 8 |
|   | 5 | 2 | 1 | 6 | 3 | 7 | 4 |   |
| 9 | 7 | 5 | 8 |   | 1 | 4 | 2 | 3 |
| 2 | 4 | 1 |   |   | 6 | 5 | 9 |   |
|   |   | 3 | 5 |   | 4 | 9 |   |   |
|   |   | 4 | 3 |   | 1 | 8 |   |   |

**21**

| 6 | 1 |   | 5 | 6 |   | 3 | 1 | 7 |
|---|---|---|---|---|---|---|---|---|
| 9 | 3 |   | 1 | 2 |   | 1 | 5 | 9 |
| 8 | 4 | 9 |   | 7 | 9 | 6 |   |   |
|   | 2 | 6 | 1 | 3 | 5 | 4 | 7 |   |
|   |   | 8 | 7 | 9 |   | 2 | 5 | 1 |
| 8 | 5 | 7 |   | 8 | 4 |   | 8 | 2 |
| 1 | 2 | 4 |   | 5 | 1 |   | 9 | 6 |

**22**

| 8 | 9 | 5 |   | 3 | 1 | 7 |   |   |
|---|---|---|---|---|---|---|---|---|
| 1 | 8 | 2 | 3 | 5 | 6 | 9 |   |   |
|   | 1 | 2 | 4 |   | 4 | 1 | 5 |   |
| 9 | 7 |   | 5 | 8 | 6 |   | 4 | 6 |
| 3 | 1 | 2 |   | 7 | 1 | 9 |   |   |
|   | 7 | 6 | 9 | 2 | 5 | 1 | 3 |   |
|   | 9 | 8 | 6 |   | 7 | 9 | 1 |   |

**23**

| 8 | 1 | 2 | 3 |   | 3 | 7 | 1 |   |
|---|---|---|---|---|---|---|---|---|
| 9 | 8 | 3 | 7 |   | 8 | 9 | 4 | 6 |
|   |   | 1 | 9 | 5 |   | 2 | 4 |   |
|   | 2 | 5 | 6 | 4 | 9 | 8 | 3 |   |
| 5 | 3 |   |   | 1 | 7 | 2 |   |   |
| 9 | 7 | 5 | 8 |   | 6 | 3 | 2 | 1 |
|   | 1 | 2 | 4 |   | 8 | 6 | 9 | 3 |

**24**

| 8 | 5 | 7 | 9 |   |   | 7 | 5 | 9 |
|---|---|---|---|---|---|---|---|---|
| 5 | 1 | 3 | 4 | 2 |   | 6 | 1 | 2 |
| 9 | 4 |   | 7 | 6 | 3 | 9 |   |   |
|   | 2 | 9 | 8 |   | 4 | 8 | 9 |   |
|   | 7 | 6 | 3 | 1 |   | 6 | 1 |   |
| 9 | 3 | 8 |   | 9 | 6 | 5 | 8 | 7 |
| 2 | 1 | 3 |   |   | 2 | 1 | 5 | 3 |

**25**

| 6 | 3 | 1 |   | 4 | 5 |   | 3 | 5 |
|---|---|---|---|---|---|---|---|---|
| 8 | 1 | 2 |   | 5 | 7 |   | 1 | 2 |
| 9 | 8 | 3 |   | 8 | 9 | 6 | 2 |   |
|   |   | 5 | 9 | 7 | 8 | 2 |   |   |
|   | 5 | 4 | 3 | 9 |   | 5 | 1 | 7 |
| 2 | 4 |   | 8 | 2 |   | 3 | 5 | 9 |
| 3 | 9 |   | 7 | 6 |   | 1 | 2 | 4 |

**26**

| 9 | 8 | 4 |   | 4 | 3 |   | 6 | 5 |
|---|---|---|---|---|---|---|---|---|
| 5 | 2 | 1 |   | 1 | 2 |   | 4 | 2 |
| 8 | 5 |   | 8 | 7 |   | 2 | 7 |   |
|   | 4 | 3 | 6 | 5 | 7 | 9 | 8 |   |
|   | 3 | 1 |   | 3 | 5 |   | 5 | 3 |
| 2 | 1 |   | 7 | 2 |   | 4 | 2 | 1 |
| 8 | 6 |   | 9 | 8 |   | 8 | 9 | 6 |

**27**

| 3 | 1 |   | 1 | 3 | 6 |   | 9 | 4 |
|---|---|---|---|---|---|---|---|---|
| 6 | 2 |   | 6 | 9 | 8 |   | 5 | 2 |
|   | 3 | 8 | 5 | 7 | 9 | 2 | 6 |   |
|   | 6 | 8 |   | 3 | 4 |   |   |   |
| 5 | 3 | 9 |   |   |   | 1 | 8 | 2 |
| 8 | 5 | 7 | 9 |   | 2 | 3 | 4 | 1 |
| 2 | 1 | 5 | 3 |   | 8 | 6 | 9 | 4 |

**28**

| 7 | 2 | 1 |   | 2 | 9 |   | 2 | 1 |
|---|---|---|---|---|---|---|---|---|
| 9 | 8 | 2 |   | 4 | 8 | 6 | 7 | 9 |
| 8 | 4 |   | 9 | 1 |   | 1 | 3 |   |
| 6 | 3 | 2 | 1 |   | 3 | 2 | 1 | 5 |
|   | 5 | 1 |   | 8 | 6 |   | 6 | 8 |
| 5 | 1 | 3 | 2 | 6 |   | 4 | 8 | 9 |
| 2 | 6 |   | 4 | 9 |   | 1 | 9 | 7 |

**29**

| 4 | 1 |   | 7 | 9 | 6 |   | 6 | 4 |
|---|---|---|---|---|---|---|---|---|
| 3 | 2 | 1 | 6 | 5 | 4 |   | 9 | 2 |
| 8 | 5 | 7 | 9 |   | 2 | 3 | 5 | 1 |
|   |   | 8 | 9 |   | 6 | 1 |   |   |
| 3 | 2 | 4 | 5 | 1 | 7 |   | 3 | 1 |
| 2 | 1 | 3 | 4 |   | 9 | 8 | 7 | 2 |
| 8 | 6 | 9 |   |   | 8 | 1 | 2 |   |

**30**

|   | 9 | 8 | 6 | 7 |   |   | 9 | 4 |
|---|---|---|---|---|---|---|---|---|
| 3 | 7 | 4 | 1 | 2 |   |   | 7 | 1 |
| 1 | 6 | 7 |   | 9 | 8 | 4 | 5 |   |
|   | 9 | 5 | 4 | 1 | 2 |   |   |   |
|   | 4 | 6 | 2 | 1 |   | 3 | 1 | 5 |
| 9 | 7 |   |   | 8 | 9 | 5 | 4 | 7 |
| 1 | 2 |   |   | 3 | 6 | 1 | 2 |   |

**31**

| 4 | 8 |   |   | 2 | 9 |   | 3 | 1 |
|---|---|---|---|---|---|---|---|---|
| 7 | 9 |   |   | 1 | 6 | 3 | 4 | 2 |
| 9 | 6 | 7 | 3 | 4 | 8 | 5 |   |   |
|   |   | 8 | 5 |   | 7 | 1 |   |   |
|   |   | 6 | 1 | 8 | 5 | 2 | 4 | 3 |
| 8 | 6 | 9 | 4 | 7 |   |   | 9 | 8 |
| 2 | 1 |   | 2 | 9 |   |   | 5 | 1 |

**32**

| 1 | 3 |   | 2 | 1 | 3 |   | 3 | 8 |
|---|---|---|---|---|---|---|---|---|
| 7 | 9 |   | 7 | 9 | 8 |   | 1 | 2 |
| 3 | 8 | 4 | 1 | 6 | 7 | 2 | 5 | 9 |
|   |   | 2 | 3 |   | 9 | 4 |   |   |
|   | 8 | 1 |   |   | 3 | 9 |   |   |
| 7 | 9 | 5 | 8 |   | 7 | 6 | 8 | 9 |
| 1 | 6 | 3 | 2 |   | 3 | 1 | 5 | 2 |

**33**

| 9 | 7 | 3 |   | 8 | 3 |   | 2 | 9 |
|---|---|---|---|---|---|---|---|---|
| 6 | 2 | 1 |   | 3 | 2 | 6 | 1 | 4 |
| 7 | 4 | 2 | 9 | 6 | 5 | 8 |   |   |
| 8 | 1 |   | 8 | 9 | 6 |   | 7 | 1 |
|   | 5 | 6 | 7 | 1 | 2 | 8 | 3 |   |
| 1 | 3 | 2 | 5 | 4 |   | 7 | 9 | 5 |
| 7 | 9 |   | 7 | 5 |   | 1 | 4 | 2 |

**34**

| 2 | 1 |   | 9 | 8 |   | 9 | 6 |   |
|---|---|---|---|---|---|---|---|---|
| 9 | 3 |   | 5 | 2 | 1 | 4 | 3 | 7 |
|   | 4 | 1 |   | 9 | 7 |   | 1 | 8 |
| 1 | 5 | 6 | 8 | 3 | 2 | 7 | 4 | 9 |
| 2 | 8 |   | 3 | 1 |   | 4 | 2 |   |
| 3 | 7 | 5 | 9 | 6 | 8 |   | 5 | 8 |
|   | 9 | 3 |   | 4 | 2 |   | 9 | 7 |

**35**

|   | 8 | 9 | 4 |   | 7 | 2 | 1 |   |
|---|---|---|---|---|---|---|---|---|
| 5 | 4 | 7 | 1 | 2 | 9 | 6 | 8 | 3 |
| 1 | 2 | 5 |   | 1 | 8 |   | 9 | 8 |
|   | 7 | 8 |   |   |   | 7 | 3 |   |
| 9 | 6 |   | 8 | 4 |   | 9 | 7 | 3 |
| 7 | 3 | 5 | 9 | 2 | 6 | 8 | 4 | 1 |
|   | 1 | 2 | 3 |   | 1 | 4 | 2 |   |

**36**

| 7 | 1 | 2 |   | 3 | 8 |   | 6 | 2 |
|---|---|---|---|---|---|---|---|---|
| 9 | 6 | 4 | 2 | 1 | 5 | 8 | 7 | 3 |
| 8 | 3 |   | 8 | 9 |   | 9 | 1 |   |
|   | 2 | 4 | 1 |   | 1 | 3 | 2 |   |
|   | 7 | 8 |   | 9 | 3 |   | 3 | 2 |
| 7 | 4 | 9 | 3 | 8 | 2 | 6 | 5 | 1 |
| 9 | 5 |   | 1 | 6 |   | 9 | 8 | 5 |

**37**

| | | | | | | | | |
|---|---|---|---|---|---|---|---|---|
| 7 | 2 | | | 9 | 6 | | 3 | 1 |
| 9 | 3 | | 4 | 8 | 9 | 5 | 6 | 7 |
| 6 | 4 | 9 | 1 | 7 | 8 | 2 | | |
| | 1 | 3 | 2 | | 2 | 1 | 4 | |
| | | 8 | 5 | 4 | 7 | 3 | 9 | 6 |
| 1 | 5 | 7 | 3 | 2 | 4 | | 5 | 1 |
| 2 | 9 | | 8 | 9 | | | 7 | 2 |

**38**

| | | | | | | | | | |
|---|---|---|---|---|---|---|---|---|---|
| 5 | 1 | | | 1 | 2 | | | 7 | 1 |
| 6 | 3 | 7 | 8 | 9 | 4 | | | 8 | 2 |
| | | 6 | 7 | 8 | 2 | 4 | 9 | 3 | |
| | 4 | 1 | 2 | | | 1 | 2 | 5 | |
| 2 | 6 | 5 | 4 | 7 | 3 | 1 | | | |
| 6 | 9 | | 5 | 8 | 7 | 3 | 9 | 6 | |
| 1 | 8 | | | 9 | 5 | | 4 | 1 | |

**39**

| | | | | | | | | |
|---|---|---|---|---|---|---|---|---|
| 1 | 3 | 2 | 5 | | 2 | 4 | 1 | 7 |
| 3 | 7 | 5 | 8 | 2 | 1 | 6 | 4 | 9 |
| | | 6 | 9 | 8 | 4 | 7 | | |
| | | 3 | 6 | | 3 | 9 | | |
| 8 | 3 | 1 | | | | 5 | 1 | 2 |
| 9 | 5 | 7 | 8 | | 6 | 2 | 3 | 1 |
| 6 | 1 | 4 | 2 | | 9 | 8 | 6 | 4 |

**40**

| | | | | | | | | |
|---|---|---|---|---|---|---|---|---|
| 3 | 7 | 9 | 8 | | 2 | 1 | 3 | 7 |
| 1 | 2 | 4 | 3 | | 1 | 4 | 2 | 8 |
| 2 | 4 | 7 | | 9 | 7 | | 4 | 9 |
| | 6 | 8 | 9 | 2 | 4 | 7 | 5 | |
| 3 | 1 | | 8 | 1 | | 9 | 8 | 6 |
| 9 | 8 | 2 | 7 | | 9 | 8 | 7 | 1 |
| 2 | 3 | 1 | 6 | | 3 | 5 | 1 | 2 |

**41**

| | 4 | 2 | 1 | | 9 | 8 | 5 | |
|---|---|---|---|---|---|---|---|---|
| 6 | 9 | 4 | 8 | 2 | 5 | 3 | 1 | 7 |
| 1 | 7 | | 5 | 1 | 4 | | 2 | 8 |
| 2 | 8 | | 9 | 3 | 8 | | 3 | 9 |
| | | 1 | 3 | | 2 | 9 | | |
| 4 | 1 | 2 | 7 | 9 | 6 | 8 | 3 | 5 |
| 9 | 6 | | 2 | 8 | 1 | | 7 | 9 |

**42**

| 8 | 6 | 9 | | 9 | 5 | | 1 | 3 |
|---|---|---|---|---|---|---|---|---|
| 9 | 4 | 6 | 7 | 2 | 3 | 1 | 5 | 8 |
| 1 | 2 | | 9 | 8 | 7 | 4 | | |
| | 1 | 8 | 5 | | 1 | 2 | 5 | |
| | 3 | 4 | 1 | 2 | | 9 | 2 | |
| 2 | 6 | 9 | 8 | 3 | 4 | 5 | 7 | 1 |
| 7 | 9 | | 6 | 2 | | 9 | 8 | 7 |

**43**

| 1 | 9 | 8 | 6 | | 8 | 7 | 9 | |
|---|---|---|---|---|---|---|---|---|
| 2 | 7 | 9 | 8 | | 6 | 9 | 8 | 4 |
| | | 6 | 2 | 1 | 3 | | 7 | 1 |
| 4 | 9 | 7 | 3 | 6 | 1 | 8 | 5 | 2 |
| 5 | 7 | | 4 | 2 | 5 | 9 | | |
| 2 | 5 | 3 | 1 | | 2 | 4 | 3 | 1 |
| | 8 | 6 | 9 | | 4 | 7 | 1 | 2 |

**44**

| 4 | 1 | 2 | | 2 | 5 | | 8 | 1 |
|---|---|---|---|---|---|---|---|---|
| 6 | 3 | 7 | 2 | 4 | 1 | 8 | 5 | 9 |
| 8 | 4 | | 1 | 3 | | 5 | 3 | |
| 9 | 5 | | 8 | 9 | 3 | | 4 | 2 |
| | 8 | 9 | | 1 | 2 | | 6 | 1 |
| 4 | 6 | 8 | 2 | 5 | 1 | 9 | 7 | 3 |
| 1 | 2 | | 9 | 7 | | 8 | 9 | 6 |

**45**

| 9 | 8 | 4 |   |   |   | 6 | 8 | 9 |
|---|---|---|---|---|---|---|---|---|
| 3 | 7 | 2 | 1 |   | 4 | 3 | 1 | 2 |
|   | 9 | 8 | 4 | 5 | 6 | 2 | 7 |   |
|   |   | 7 | 6 | 8 | 9 | 5 |   |   |
|   | 9 | 6 | 3 | 2 | 7 | 4 | 1 |   |
| 1 | 5 | 3 | 2 |   | 8 | 7 | 6 | 9 |
| 3 | 8 | 9 |   |   |   | 1 | 2 | 7 |

**46**

| 8 | 5 |   | 9 | 7 | 5 |   | 9 | 7 |
|---|---|---|---|---|---|---|---|---|
| 1 | 4 | 6 | 2 | 5 | 3 |   | 8 | 1 |
|   | 6 | 9 |   | 6 | 1 |   | 6 | 2 |
| 5 | 1 | 8 | 9 | 4 | 2 | 6 | 7 | 3 |
| 8 | 7 |   | 8 | 1 |   | 3 | 1 |   |
| 9 | 8 |   | 7 | 3 | 2 | 1 | 4 | 5 |
| 7 | 2 |   | 3 | 2 | 1 |   | 3 | 9 |

**47**

| 8 | 5 | 3 | 1 |   | 2 | 7 | 4 | 1 |
|---|---|---|---|---|---|---|---|---|
| 9 | 8 | 4 | 7 |   | 8 | 9 | 7 | 3 |
| 4 | 2 | 1 |   | 1 | 9 |   | 9 | 2 |
|   | 3 | 7 | 1 | 4 | 6 | 8 | 5 |   |
| 8 | 1 |   | 3 | 9 |   | 9 | 8 | 5 |
| 9 | 7 | 8 | 6 |   | 9 | 7 | 6 | 2 |
| 6 | 4 | 1 | 2 |   | 2 | 5 | 3 | 1 |

**48**

| 2 | 8 |   | 2 | 6 | 9 |   | 4 | 8 |
|---|---|---|---|---|---|---|---|---|
| 7 | 9 |   | 4 | 9 | 1 |   | 2 | 6 |
| 1 | 5 | 2 | 3 | 8 | 7 | 4 | 6 | 9 |
|   | 4 | 3 | 1 |   | 4 | 2 | 1 |   |
| 8 | 6 | 4 |   |   |   | 3 | 5 | 8 |
| 7 | 3 | 1 | 2 |   | 2 | 1 | 3 | 5 |
| 9 | 7 | 6 | 8 |   | 7 | 5 | 8 | 9 |

**49**

| 6 | 4 | 2 | 3 | 1 |   | 2 | 1 | 7 |
|---|---|---|---|---|---|---|---|---|
| 9 | 8 | 7 | 6 | 3 |   | 7 | 8 | 9 |
| 7 | 1 |   | 9 | 2 | 1 | 3 | 7 |   |
| 8 | 5 | 7 | 2 |   | 2 | 1 | 3 | 4 |
|   | 6 | 9 | 4 | 8 | 5 |   | 9 | 8 |
| 1 | 2 | 5 |   | 7 | 4 | 8 | 6 | 9 |
| 4 | 3 | 8 |   | 2 | 3 | 1 | 5 | 7 |

**50**

| 7 | 6 | 9 | 5 | 8 |   | 3 | 6 | 8 |
|---|---|---|---|---|---|---|---|---|
| 6 | 1 | 4 | 2 | 3 |   | 4 | 3 | 9 |
| 9 | 5 |   | 3 | 5 |   | 1 | 2 | 7 |
|   | 3 | 7 | 1 | 4 | 8 | 2 | 5 |   |
| 2 | 4 | 8 |   | 1 | 7 |   | 9 | 3 |
| 4 | 7 | 9 |   | 2 | 5 | 3 | 4 | 1 |
| 1 | 2 | 6 |   | 6 | 9 | 8 | 7 | 4 |

**51**

| 6 | 1 | 5 | 3 | 4 | 2 |   | 2 | 6 |
|---|---|---|---|---|---|---|---|---|
| 9 | 5 | 7 | 6 | 8 | 3 |   | 9 | 3 |
| 8 | 7 | 9 |   | 3 | 1 | 4 | 5 | 2 |
|   | 2 | 8 | 1 |   | 4 | 9 | 8 |   |
| 1 | 4 | 6 | 2 | 3 |   | 6 | 7 | 1 |
| 6 | 9 |   | 3 | 1 | 5 | 7 | 4 | 2 |
| 2 | 3 |   | 5 | 7 | 9 | 8 | 6 | 4 |

**52**

|   | 1 | 9 | 3 | 4 | 2 |   | 4 | 7 |
|---|---|---|---|---|---|---|---|---|
| 4 | 5 | 2 | 7 | 1 | 3 |   | 9 | 1 |
|   |   | 5 | 9 | 3 | 8 | 4 | 7 | 6 |
|   | 9 | 6 | 8 |   | 2 | 1 | 5 |   |
| 2 | 7 | 1 | 5 | 9 | 6 | 3 |   |   |
| 4 | 8 |   | 6 | 3 | 4 | 2 | 7 | 1 |
| 1 | 6 |   |   | 8 | 7 | 5 | 9 | 6 |

**53**

| 1 | 5 | 3 |   | 4 | 2 | 6 |   |   |
|---|---|---|---|---|---|---|---|---|
| 4 | 7 | 1 | 2 | 5 | 9 | 8 | 3 |   |
| 5 | 8 | 9 | 6 | 7 |   | 9 | 1 | 5 |
| 2 | 3 |   | 1 | 2 | 3 |   | 5 | 9 |
| 3 | 6 | 8 |   | 6 | 9 | 4 | 7 | 8 |
|   | 9 | 2 | 1 | 8 | 6 | 3 | 4 | 7 |
|   |   | 7 | 3 | 9 |   | 1 | 2 | 4 |

**54**

| 1 | 3 |   | 9 | 8 | 5 |   | 7 | 9 |
|---|---|---|---|---|---|---|---|---|
| 9 | 7 | 4 | 1 | 3 | 2 | 6 | 5 | 8 |
| 8 | 9 | 5 | 7 |   | 1 | 4 | 3 | 2 |
|   | 8 | 3 |   |   |   | 8 | 6 |   |
| 3 | 2 | 1 | 7 |   | 6 | 9 | 8 | 4 |
| 8 | 5 | 2 | 9 | 6 | 3 | 7 | 4 | 1 |
| 9 | 4 |   | 8 | 2 | 4 |   | 9 | 2 |

**55**

| 3 | 2 | 4 | 1 | 6 |   | 4 | 8 | 9 |
|---|---|---|---|---|---|---|---|---|
| 7 | 4 | 8 | 5 | 9 |   | 1 | 7 | 2 |
| 4 | 1 | 5 | 3 | 8 | 6 | 2 | 9 |   |
|   |   | 1 | 7 |   | 9 | 8 |   |   |
|   | 7 | 6 | 2 | 4 | 8 | 5 | 9 | 3 |
| 1 | 3 | 2 |   | 2 | 5 | 3 | 4 | 1 |
| 6 | 9 | 7 |   | 9 | 7 | 6 | 8 | 4 |

**56**

| 6 | 2 | 8 | 9 |   | 5 | 2 | 1 |   |
|---|---|---|---|---|---|---|---|---|
| 3 | 5 | 2 | 8 | 6 | 7 | 1 | 4 |   |
| 2 | 4 | 1 |   | 9 | 8 | 3 | 7 | 6 |
| 4 | 9 |   | 3 | 7 | 9 |   | 3 | 9 |
| 1 | 3 | 4 | 2 | 5 |   | 9 | 6 | 8 |
|   | 6 | 2 | 1 | 8 | 9 | 4 | 5 | 7 |
|   | 8 | 9 | 5 |   | 3 | 1 | 2 | 4 |

# Large puzzles

**57**

```
  8 6 9   6 5
5 3 2 4   3 1
9 7   6 1 5   9 8
    9 8 4   4 3 1
    6 1   8 5
9 3 5   2 3 1 5 4
6 1   3 1 2   9 8
8 7 9 5 4   4 8 1
    5 1   1 3
7 9 3   8 7 9
1 2   5 6 4   7 9
  9 4   3 9 2 5
  1 2   2 6 1
```

**58**

```
6 2   5 1   2 7 9
9 7   9 6   5 9 8
8 4 2   2 5 1
  5 6   1 3 2 7
3 9   1 5 2   1 8
1 5 2 7 4   5 7 9
  1 3   2 1
9 8 3   7 9 6 5 8
1 5   3 1 7   6 7
7 9 6 8   1 4
  2 4 1   6 2 8
3 7 1   9 8   4 9
7 9 3   4 1   1 2
```

**59**

```
  1 6   4 1   2 1
8 6 9   9 5   9 3
9 4       9 7 8 5
3 2 1   5 4 2
  5 3 9 6   4 9 1
    2 7 1   8 3
  2 5 8   8 3 5
8 4   4 2 1
2 1 5   9 7 6 8
    8 6 3   2 1 3
2 4 3 1     7 9
7 9   5 1   1 6 8
9 8   9 8   7 9
```

**60**

```
3 1   9 7   3 7 9
9 6 2 5 1   1 2 8
    6 8   2 9
9 4 5   3 1 6
4 1   5 2   2 1 6
8 3 4 9 5 2   4 9
  5 8   8 9
1 3   7 5 3 4 1 2
5 9 3   9 1   3 5
  2 5 1   3 2 9
  4 9   9 7
4 2 1   4 6 2 1 3
9 8 7   2 8   2 9
```

## 61

| | | | | | | | | | |
|---|---|---|---|---|---|---|---|---|---|
| 2 | 1 |   |   |   | 6 | 3 | 8 |   |   |
| 9 | 5 | 2 |   |   | 5 | 1 | 2 |   |   |
|   |   |   | 9 | 3 | 7 |   |   | 7 | 9 |
|   | 5 | 8 | 1 | 9 |   |   |   | 4 | 8 |
| 7 | 2 |   |   |   | 8 | 6 | 9 | 3 |   |
| 9 | 3 |   |   | 2 | 1 | 5 |   |   |   |
|   | 1 | 3 | 2 |   |   | 2 | 8 | 5 |   |
|   |   | 8 | 7 | 9 |   |   |   | 1 | 6 |
|   | 5 | 9 | 1 | 6 |   |   |   | 7 | 4 |
| 9 | 6 |   |   |   | 5 | 1 | 4 | 2 |   |
| 4 | 1 |   |   |   | 8 | 6 | 9 |   |   |
|   |   | 3 | 1 | 7 |   |   | 5 | 7 | 9 |
|   |   | 1 | 2 | 4 |   |   |   | 1 | 5 |

## 62

| | | | | | | | | | |
|---|---|---|---|---|---|---|---|---|---|
|   | 2 | 1 |   |   |   |   | 9 | 3 |   |
|   | 9 | 4 | 7 |   |   | 6 | 2 | 1 |   |
|   | 8 | 2 | 5 | 1 | 9 | 4 |   | 9 | 7 |
|   |   |   | 3 | 2 |   |   | 3 | 5 | 6 |
|   |   |   | 9 | 8 |   | 6 | 2 |   |   |
|   | 8 | 9 | 4 |   | 4 | 8 | 5 | 3 |   |
|   | 1 | 5 |   | 2 | 1 | 9 |   | 1 | 9 |
|   |   | 2 | 9 | 3 | 7 |   | 2 | 9 | 7 |
|   |   | 3 | 1 |   | 5 | 1 |   |   |   |
|   | 1 | 2 | 5 |   |   | 9 | 3 |   |   |
|   | 6 | 9 |   | 6 | 7 | 8 | 4 | 5 | 9 |
|   |   |   | 9 | 3 | 1 |   | 7 | 9 | 8 |
|   |   |   | 8 | 1 |   |   |   | 1 | 7 |

## 63

| | | | | | | | | | |
|---|---|---|---|---|---|---|---|---|---|
|   | 6 | 1 | 2 |   |   |   |   | 1 | 9 |
| 1 | 8 | 5 | 6 | 9 |   |   | 1 | 2 | 5 |
| 7 | 9 |   |   | 1 | 3 |   | 4 | 9 |   |
|   |   | 6 | 9 |   |   |   |   | 5 | 7 |
| 8 | 2 | 1 | 3 | 5 |   |   | 5 | 3 | 4 |
| 2 | 1 |   |   |   | 1 | 4 | 2 |   |   |
| 9 | 8 |   |   | 7 | 4 | 9 |   | 4 | 1 |
|   |   |   | 6 | 9 | 2 |   |   | 9 | 3 |
| 6 | 1 | 3 |   |   | 3 | 4 | 9 | 8 | 2 |
| 9 | 2 |   |   |   |   | 1 | 3 |   |   |
|   | 3 | 5 |   |   | 9 | 8 |   | 9 | 6 |
| 7 | 6 | 9 |   |   | 1 | 3 | 4 | 7 | 2 |
| 2 | 4 |   |   |   |   | 2 | 1 | 8 |   |

## 64

| | | | | | | | | | |
|---|---|---|---|---|---|---|---|---|---|
|   | 1 | 2 |   |   |   |   | 2 | 8 |   |
|   | 3 | 7 | 5 |   |   | 2 | 1 | 4 |   |
|   |   |   | 6 | 2 | 1 | 5 |   | 7 | 9 |
|   | 1 | 2 | 9 | 3 | 7 |   |   | 4 | 1 | 8 |
|   | 2 | 9 |   |   | 6 | 9 | 7 | 8 |   |
|   |   |   | 5 | 1 |   |   | 1 | 7 | 3 | 2 |
|   | 6 | 1 | 2 |   |   |   |   | 3 | 2 | 1 |
|   | 9 | 5 | 4 | 6 |   |   | 1 | 9 |   |
|   |   |   | 1 | 3 | 5 | 2 |   |   | 1 | 3 |
|   | 9 | 6 | 3 |   |   | 9 | 4 | 7 | 6 | 8 |
|   | 4 | 1 |   |   | 2 | 6 | 3 | 4 |   |
|   |   |   | 9 | 7 | 8 |   |   | 5 | 7 | 9 |
|   |   |   |   | 4 | 1 |   |   |   | 1 | 5 |

**65**

| | | | | | | | | | |
|---|---|---|---|---|---|---|---|---|---|
| 1 | 2 | | | 3 | 8 | | | 7 | 1 |
| 3 | 7 | 1 | | 1 | 6 | 3 | 8 | 9 | |
| | 9 | 3 | 7 | 4 | | 4 | 9 | | |
| | | 8 | 9 | | 1 | 6 | | | |
| 1 | 3 | 5 | | | 2 | 7 | 8 | 9 | |
| 6 | 9 | | 5 | 1 | | 1 | 4 | 2 | |
| | | 6 | 9 | 5 | 1 | 2 | | | |
| 4 | 9 | 8 | | 9 | 4 | | 6 | 1 | |
| 1 | 2 | 5 | 3 | | | 5 | 9 | 8 | |
| | | 4 | 5 | | 6 | 3 | | | |
| | 2 | 9 | | 3 | 2 | 4 | 1 | | |
| 8 | 3 | 7 | 6 | 9 | | 8 | 6 | 9 | |
| 9 | 1 | | 1 | 5 | | | 3 | 1 | |

**66**

| | | | | | | | | | |
|---|---|---|---|---|---|---|---|---|---|
| 1 | 2 | 4 | | | | 8 | 6 | 9 | |
| 3 | 5 | 2 | 1 | | 9 | 3 | 2 | 5 | |
| | | 9 | 8 | | 6 | 1 | | | |
| | 5 | 1 | | | 7 | 9 | | | |
| 1 | 8 | 5 | 3 | | 4 | 5 | 8 | 9 | |
| 2 | 9 | | 2 | 8 | 9 | | 1 | 4 | |
| | | | 5 | 9 | 7 | | | | |
| 8 | 9 | | 1 | 7 | 2 | | 2 | 3 | |
| 1 | 3 | 2 | 4 | | 5 | 9 | 6 | 7 | |
| | 8 | 4 | | | | 8 | 1 | | |
| | | 3 | 1 | | 2 | 6 | | | |
| 8 | 9 | 6 | 7 | | 5 | 7 | 8 | 9 | |
| 2 | 3 | 1 | | | | 4 | 1 | 3 | |

**67**

| | | | | | | | | | |
|---|---|---|---|---|---|---|---|---|---|
| 9 | 8 | | 3 | 9 | | | 5 | 1 | |
| 6 | 1 | 8 | 2 | 5 | 3 | | 4 | 3 | |
| | | 9 | 1 | | 2 | 4 | 1 | | |
| | 8 | 6 | | | | 8 | 2 | | |
| 9 | 2 | 4 | 1 | | 3 | 9 | 8 | 6 | |
| 2 | 1 | | 2 | 7 | 1 | | 3 | 1 | |
| | | | 7 | 9 | 4 | | | | |
| 4 | 9 | | 9 | 8 | 5 | | 9 | 7 | |
| 1 | 7 | 9 | 5 | | 2 | 5 | 3 | 1 | |
| | 2 | 8 | | | | 7 | 4 | | |
| | 1 | 6 | 2 | | 4 | 9 | | | |
| 8 | 5 | | 7 | 2 | 1 | 8 | 4 | 9 | |
| 9 | 3 | | | 4 | 3 | | 8 | 7 | |

**68**

| | | | | | | | | | |
|---|---|---|---|---|---|---|---|---|---|
| | 2 | 3 | | | 7 | 1 | 2 | | |
| | 3 | 9 | | | 9 | 8 | 6 | | |
| | 1 | 7 | 2 | 8 | | | 3 | 1 | 9 |
| | | 1 | 7 | | | 1 | 2 | 6 | |
| | | 3 | 9 | 7 | 6 | 8 | | | |
| 9 | 6 | 5 | | 8 | 1 | 5 | | | |
| 5 | 1 | | 5 | 9 | 8 | | 2 | 1 | |
| | | 8 | 2 | 6 | | 8 | 9 | 4 | |
| | | 3 | 1 | 4 | 5 | 2 | | | |
| 9 | 3 | 5 | | | 9 | 4 | | | |
| 8 | 1 | 2 | | | 3 | 1 | 2 | 6 | |
| | | 7 | 8 | 9 | | | 4 | 9 | |
| | | 1 | 2 | 6 | | | 1 | 3 | |

**69**

| | | | | | | | | |
|---|---|---|---|---|---|---|---|---|
| 7 | 9 |   |   | 5 | 7 |   | 2 | 1 |
| 3 | 8 | 2 |   | 2 | 5 | 8 | 9 | 6 |
|   |   | 7 | 3 |   | 6 | 9 |   |   |
|   |   | 1 | 2 | 9 | 4 | 6 |   |   |
| 7 | 2 |   | 1 | 6 | 2 |   | 9 | 5 |
| 9 | 6 | 8 | 5 |   | 3 | 2 | 6 | 1 |
|   | 1 | 7 |   |   |   | 1 | 8 |   |
| 8 | 4 | 9 | 6 |   | 8 | 5 | 7 | 9 |
| 5 | 3 |   | 8 | 4 | 9 |   | 3 | 8 |
|   |   | 8 | 7 | 1 | 6 | 9 |   |   |
|   |   | 9 | 5 |   | 1 | 5 |   |   |
| 2 | 1 | 5 | 4 | 3 |   | 6 | 1 | 4 |
| 9 | 4 |   | 2 | 1 |   |   | 3 | 9 |

**70**

| | | | | | | | | |
|---|---|---|---|---|---|---|---|---|
|   |   | 8 | 5 | 9 |   | 9 | 4 | 8 |
| 2 | 5 | 1 | 3 |   | 4 | 1 | 9 | 8 |
| 4 | 6 |   | 6 | 9 | 8 |   | 1 | 7 |
| 8 | 9 | 1 | 5 | 7 |   | 4 | 5 | 9 |
|   |   | 3 | 8 |   | 2 | 1 |   |   |
| 2 | 6 | 5 |   | 5 | 9 | 6 | 4 | 1 |
| 1 | 3 |   | 3 | 9 | 8 |   | 9 | 6 |
| 4 | 5 | 2 | 1 | 3 |   | 1 | 7 | 2 |
|   |   | 3 | 9 |   | 9 | 5 |   |   |
| 9 | 7 | 1 |   | 6 | 3 | 2 | 4 | 1 |
| 1 | 6 |   | 3 | 9 | 4 |   | 9 | 8 |
| 8 | 9 | 7 | 5 |   | 1 | 4 | 3 | 2 |
|   | 8 | 3 | 4 |   | 2 | 9 | 1 |   |

**71**

| | | | | | | | | |
|---|---|---|---|---|---|---|---|---|
| 2 | 4 | 1 |   | 1 | 7 |   | 9 | 8 |
| 4 | 8 | 2 | 1 | 3 | 9 |   | 4 | 2 |
|   |   | 3 | 8 |   | 9 | 2 | 1 |   |
| 9 | 8 | 4 |   | 2 | 5 | 1 | 3 |   |
| 5 | 3 | 1 | 2 | 4 | 8 |   | 1 | 5 |
| 8 | 1 |   | 4 | 7 |   | 3 | 5 | 9 |
|   |   | 6 | 9 |   | 7 | 1 |   |   |
| 3 | 4 | 1 |   | 7 | 9 |   | 9 | 3 |
| 2 | 8 |   | 5 | 9 | 4 | 3 | 8 | 1 |
|   | 7 | 6 | 9 | 8 |   | 1 | 7 | 2 |
| 6 | 2 | 1 |   | 5 | 1 |   |   |   |
| 8 | 9 |   | 4 | 3 | 2 | 6 | 5 | 1 |
| 9 | 6 |   | 3 | 6 |   | 9 | 8 | 2 |

**72**

| | | | | | | | | |
|---|---|---|---|---|---|---|---|---|
| 1 | 6 |   | 1 | 5 |   | 2 | 9 |   |
| 7 | 9 |   | 4 | 9 |   | 1 | 5 | 2 |
| 4 | 8 | 6 |   | 7 | 5 | 3 | 8 | 9 |
|   |   | 2 | 3 | 8 | 1 | 4 |   |   |
| 2 | 7 | 1 | 4 |   | 7 | 5 | 9 | 8 |
| 7 | 9 | 5 |   | 6 | 9 |   | 1 | 3 |
|   |   | 3 | 1 | 2 | 4 | 7 |   |   |
| 1 | 2 |   | 3 | 1 |   | 9 | 7 | 8 |
| 8 | 9 | 7 | 6 |   | 9 | 5 | 1 | 6 |
|   |   | 9 | 4 | 5 | 1 | 6 |   |   |
| 4 | 9 | 3 | 2 | 1 |   | 8 | 7 | 2 |
| 1 | 4 | 2 |   | 2 | 1 |   | 3 | 1 |
|   | 7 | 1 |   | 9 | 8 |   | 9 | 3 |

**73**

| | 3 | 6 | 1 | | | 9 | 4 | 8 |
|---|---|---|---|---|---|---|---|---|
| 1 | 2 | 5 | 3 | | 4 | 7 | 1 | 9 |
| 9 | 7 | 8 | | 3 | 1 | 2 | | |
| | 1 | 7 | 2 | 9 | 3 | | 7 | 9 |
| | | 9 | 6 | | | 1 | 6 | 5 |
| 6 | 1 | | | 1 | 2 | | 3 | 8 |
| 9 | 6 | 2 | 3 | 8 | 5 | 7 | 4 | 1 |
| | 9 | 4 | | 9 | 1 | | 9 | 8 |
| 5 | 7 | 1 | | | 7 | 6 | | |
| 1 | 3 | | 6 | 4 | 3 | 1 | 2 | |
| | | 2 | 9 | 5 | | 9 | 8 | 6 |
| 8 | 9 | 6 | 7 | | 1 | 4 | 3 | 2 |
| 9 | 7 | 1 | | | 2 | 5 | 1 | |

**74**

| 4 | 8 | | | 4 | 1 | | 1 | 5 |
|---|---|---|---|---|---|---|---|---|
| 2 | 7 | 1 | | 7 | 4 | 5 | 8 | 9 |
| | 9 | 6 | 8 | | 2 | 3 | | |
| | 3 | 5 | | | 1 | 7 | 9 | |
| 5 | 2 | | 9 | 7 | 4 | 6 | 8 | |
| 6 | 4 | 5 | 7 | 8 | 9 | 2 | | |
| 3 | 2 | | 2 | 1 | 6 | | 7 | 1 |
| | 4 | 9 | 6 | 8 | 7 | 5 | 3 | |
| 7 | 9 | 6 | 8 | 5 | | 8 | 1 | |
| 2 | 5 | 1 | | | 1 | 2 | | |
| | 3 | 7 | | 8 | 9 | 2 | | |
| 3 | 8 | 2 | 4 | 1 | | 6 | 3 | 9 |
| 4 | 9 | | 9 | 6 | | 1 | 7 | |

**75**

| 6 | 7 | 8 | | 2 | 7 | 3 | | |
|---|---|---|---|---|---|---|---|---|
| 1 | 2 | 3 | | 6 | 8 | 9 | | |
| | 7 | 1 | 3 | | 8 | 2 | 9 | |
| 8 | 5 | 9 | 6 | 4 | 7 | | 1 | 5 |
| 9 | 3 | | 2 | 1 | 6 | 3 | 7 | 8 |
| 7 | 2 | 8 | | | 3 | 1 | | |
| 2 | 1 | 4 | | | 7 | 8 | 9 | |
| | 9 | 8 | | | 2 | 9 | 3 | |
| 3 | 9 | 7 | 5 | 8 | 6 | | 7 | 1 |
| 9 | 7 | | 1 | 6 | 3 | 2 | 5 | 4 |
| 1 | 2 | 4 | | 4 | 1 | 3 | | |
| | 8 | 5 | 9 | | 8 | 2 | 9 | |
| | 3 | 1 | 7 | | 9 | 1 | 7 | |

**76**

| 1 | 3 | 7 | | 3 | 7 | 1 | 2 | |
|---|---|---|---|---|---|---|---|---|
| 2 | 1 | 4 | | 5 | 9 | 7 | 6 | 8 |
| 6 | 7 | 9 | 5 | 4 | 8 | | 1 | 3 |
| | 8 | 3 | 1 | | | | | |
| 7 | 3 | | 1 | 2 | 4 | | 6 | 4 |
| 8 | 9 | 6 | 2 | | 3 | 2 | 4 | 1 |
| | 8 | 1 | | | | 9 | 7 | |
| 9 | 7 | 3 | 5 | | 5 | 8 | 9 | 7 |
| 5 | 1 | | 3 | 4 | 1 | | 8 | 5 |
| | | | | 1 | 2 | 3 | | |
| 2 | 9 | | 1 | 3 | 4 | 7 | 2 | 5 |
| 1 | 6 | 5 | 3 | 2 | | 8 | 5 | 9 |
| | 8 | 9 | 7 | 6 | | 9 | 1 | 7 |

**77**

| 7 | 2 |   |   | 8 | 6 |   | 1 | 2 |
|---|---|---|---|---|---|---|---|---|
| 6 | 1 |   | 5 | 2 | 4 |   | 7 | 4 |
| 8 | 4 | 9 | 7 |   | 8 | 1 | 6 |   |
|   |   | 2 | 8 |   | 9 | 3 |   |   |
|   | 5 | 1 | 2 | 3 |   |   | 9 | 7 |
| 6 | 2 |   | 9 | 8 |   | 2 | 5 | 1 |
| 8 | 3 | 5 | 6 | 4 | 1 | 9 | 7 | 2 |
| 9 | 6 | 8 |   | 1 | 2 |   | 8 | 4 |
| 3 | 1 |   | 9 | 7 | 8 | 6 |   |   |
|   |   | 2 | 7 |   | 4 | 9 |   |   |
|   | 3 | 1 | 5 |   | 3 | 1 | 7 | 2 |
| 1 | 4 |   | 8 | 5 | 6 |   | 8 | 1 |
| 6 | 9 |   | 9 | 3 |   |   | 9 | 3 |

**78**

| 8 | 9 | 7 | 5 |   |   | 4 | 2 |   |   |
|---|---|---|---|---|---|---|---|---|---|
| 3 | 6 | 2 | 1 |   |   | 1 | 7 |   |   |
|   | 9 | 7 |   | 4 | 9 | 7 | 8 | 6 | 2 |
| 6 | 8 |   | 3 | 8 | 9 |   | 5 | 1 |   |
|   |   | 3 | 2 |   | 6 | 1 |   |   |   |
| 8 | 5 | 9 |   | 3 | 8 | 6 | 9 | 7 |   |
| 9 | 2 |   | 4 | 1 | 2 |   | 8 | 9 |   |
| 6 | 1 | 3 | 5 | 2 |   | 2 | 7 | 1 |   |
|   | 6 | 7 |   | 8 | 6 |   |   |   |   |
| 1 | 9 |   | 8 | 4 | 9 |   | 3 | 1 |   |
| 4 | 5 | 1 | 3 | 2 | 7 |   | 2 | 4 |   |
|   | 2 | 6 |   | 5 | 3 | 1 | 2 |   |   |
|   | 6 | 9 |   | 6 | 9 | 4 | 8 |   |   |

**79**

| 2 | 9 | 7 | 1 |   | 4 | 2 | 1 |   |
|---|---|---|---|---|---|---|---|---|
| 5 | 8 | 9 | 7 |   | 2 | 1 | 3 | 4 |
|   |   | 1 | 2 | 6 |   |   | 4 | 8 |
|   | 4 | 8 | 5 | 7 |   | 8 | 5 | 9 |
| 9 | 3 |   |   | 9 | 5 | 1 |   |   |
| 7 | 1 |   | 6 | 8 | 9 | 3 | 7 |   |
| 8 | 5 | 9 | 7 |   | 3 | 2 | 5 | 1 |
|   | 2 | 4 | 3 | 1 | 6 |   | 9 | 7 |
|   |   | 8 | 1 | 2 |   |   | 8 | 2 |
| 9 | 5 | 6 |   | 7 | 2 | 1 | 6 |   |
| 1 | 2 |   |   | 8 | 1 | 3 |   |   |
| 7 | 4 | 9 | 8 |   | 6 | 8 | 3 | 9 |
|   | 1 | 5 | 2 |   | 4 | 9 | 1 | 7 |

**80**

| 3 | 1 |   | 2 | 1 |   | 7 | 6 |   |
|---|---|---|---|---|---|---|---|---|
| 9 | 6 | 8 | 4 | 7 |   | 8 | 7 | 5 |
|   | 2 | 5 | 1 |   | 1 | 5 | 3 | 2 |
| 5 | 3 | 9 |   | 2 | 6 | 9 | 8 |   |
| 9 | 7 |   | 8 | 6 | 9 |   | 5 | 1 |
| 2 | 4 | 3 | 5 | 1 |   | 1 | 9 | 4 |
|   |   | 6 | 9 |   | 9 | 2 |   |   |
| 1 | 6 | 5 |   | 9 | 8 | 3 | 7 | 6 |
| 9 | 8 |   | 9 | 1 | 3 |   | 1 | 8 |
|   | 2 | 6 | 1 | 3 |   | 1 | 2 | 7 |
| 2 | 9 | 7 | 8 |   | 7 | 8 | 4 |   |
| 1 | 5 | 9 |   | 1 | 8 | 2 | 3 | 4 |
|   | 7 | 8 |   | 6 | 9 |   | 5 | 9 |

**81**

```
 1 2 3 8 ▓ 9 5 7 8
 8 6 5 9 ▓ 6 4 1 2
 3 4 2 ▓ 8 4 1 ▓ ▓
 ▓ 3 1 4 7 ▓ 2 9 3
 9 7 ▓ 8 9 7 ▓ 6 1
 4 1 6 ▓ 6 1 4 3 2
 ▓ ▓ 9 1 ▓ 2 1 ▓ ▓
 9 7 8 6 4 ▓ 3 9 8
 8 3 ▓ 8 3 5 ▓ 5 1
 7 1 8 ▓ 2 9 5 3 ▓
 ▓ ▓ 4 2 1 ▓ 7 6 8
 1 8 9 7 ▓ 3 2 1 5
 3 9 6 8 ▓ 1 4 2 9
```

**82**

```
 9 4 8 ▓ ▓ ▓ 2 1 6
 3 1 2 6 ▓ 8 5 7 9
 ▓ ▓ 1 7 ▓ 3 1 ▓ ▓
 ▓ 5 7 8 2 9 3 6 ▓
 9 7 ▓ 9 1 6 ▓ 5 1
 5 3 2 ▓ ▓ ▓ 5 9 8
 ▓ 6 1 ▓ ▓ ▓ 1 7 ▓
 8 9 3 ▓ ▓ ▓ 2 8 9
 1 8 ▓ 9 7 2 ▓ 3 1
 ▓ 1 2 5 9 3 6 4 ▓
 ▓ ▓ 4 8 ▓ 1 9 ▓ ▓
 3 8 1 2 ▓ 4 8 7 9
 8 9 6 ▓ ▓ ▓ 4 1 2
```

**83**

```
 7 9 ▓ 1 8 ▓ 6 2 ▓
 3 4 ▓ 3 9 ▓ 3 1 5
 ▓ 3 1 2 4 6 ▓ 6 9
 9 6 8 7 ▓ 7 3 4 8
 5 1 ▓ 4 1 5 2 ▓ ▓
 ▓ 5 1 ▓ 3 9 ▓ 1 3
 7 8 9 5 ▓ 8 9 4 2
 1 2 ▓ 2 1 ▓ 8 3 ▓
 ▓ ▓ 8 4 6 9 ▓ 7 8
 8 5 9 6 ▓ 6 9 8 5
 9 3 ▓ 1 3 4 5 2 ▓
 6 1 4 ▓ 2 8 ▓ 6 5
 ▓ 2 9 ▓ 1 7 ▓ 9 7
```

**84**

```
 ▓ 5 2 ▓ ▓ 8 6 9
 ▓ 9 4 5 ▓ 1 2 5
 6 9 ▓ ▓ 1 2 ▓ 4 7
 1 8 ▓ 6 5 7 9 8
 ▓ 4 1 2 ▓ 1 4 ▓
 8 5 2 6 7 4 9
 9 7 ▓ 1 6 3 ▓ 3 7
 ▓ 5 8 9 6 3 2 1
 ▓ 1 9 ▓ 8 9 7 ▓
 2 1 3 4 6 ▓ 1 5
 8 3 ▓ 3 9 ▓ 4 9
 9 5 7 ▓ 4 3 9
 7 2 1 ▓ ▓ 1 7
```

## 85

```
.  7  9  .  3  1  2  5  .
1  3  4  .  6  3  9  8  7
6  9  8  .  1  2  .  6  1
.  .  5  6  .  .  9  7  .
1  3  2  4  5  .  8  9  5
8  9  .  7  3  2  5  4  1
.  .  4  9  .  9  7  .  .
9  7  3  8  5  6  .  3  2
7  6  2  .  8  5  6  9  7
.  8  1  .  .  7  3  .  .
1  3  .  9  5  .  2  4  1
3  4  2  7  1  .  4  9  8
.  9  7  8  3  .  1  7  .
```

## 86

```
.  5  9  .  3  1  5  .  1  6
.  2  8  .  9  3  6  8  5  7
.  1  4  6  .  2  7  9  .  .
.  .  .  5  9  7  8  .  1  3
.  2  9  .  6  4  9  5  7  8
.  4  7  9  3  .  2  1  .  .
.  1  3  8  .  .  .  3  2  9
.  .  .  6  9  .  5  2  1  6
.  1  4  7  2  5  3  .  3  7
.  3  9  .  1  4  2  5  .  .
.  .  9  6  8  .  4  5  1
.  6  3  7  5  9  8  .  8  5
.  4  2  .  3  7  1  .  7  9
```

## 87

```
4  1  .  .  8  7  9  .  .
8  2  .  6  1  2  4  3  .
9  6  3  8  7  .  3  1  7
.  .  1  9  .  .  8  6  9
.  9  2  7  4  8  6  .  .
1  3  .  .  2  3  1  4  .
5  6  .  7  1  9  .  7  1
.  8  7  9  5  .  .  9  2
.  .  4  6  3  2  1  8  .
9  4  8  .  .  3  9  .  .
5  1  2  .  9  5  8  6  7
.  2  3  4  7  1  .  1  6
.  .  5  1  8  .  .  8  9
```

## 88

```
7  2  .  9  5  .  8  2  9
9  3  8  6  2  5  7  1  4
.  1  6  .  1  2  4  .  .
.  .  9  8  .  3  6  1  .
3  1  4  2  .  .  9  6  8
9  6  7  .  5  1  .  2  3
.  .  1  2  7  3  4  .  .
1  3  .  6  9  .  2  9  8
6  1  4  .  .  8  5  7  9
.  8  5  9  .  2  1  .  .
.  .  1  4  2  .  6  7  .
1  4  2  7  9  6  3  8  5
4  8  3  .  7  2  .  9  7
```

## 89

| 1 | 4 | 2 |   |   |   | 7 | 4 | 5 |
|---|---|---|---|---|---|---|---|---|
| 8 | 9 | 6 | 7 |   | 3 | 4 | 2 | 1 |
|   | 8 | 3 | 9 |   | 2 | 6 | 1 |   |
|   |   | 1 | 6 |   | 9 | 8 |   |   |
|   | 7 | 4 | 8 | 6 | 5 | 9 | 3 |   |
| 2 | 8 |   | 3 | 2 | 1 |   | 5 | 6 |
| 5 | 9 |   |   |   |   |   | 2 | 8 |
| 1 | 3 |   | 2 | 9 | 4 |   | 7 | 9 |
|   | 5 | 6 | 3 | 8 | 2 | 4 | 1 |   |
|   |   | 8 | 4 |   | 1 | 2 |   |   |
|   | 8 | 9 | 7 |   | 3 | 7 | 1 |   |
| 3 | 2 | 5 | 1 |   | 5 | 8 | 7 | 9 |
| 9 | 4 | 7 |   |   |   | 9 | 2 | 1 |

## 90

| 2 | 1 |   | 5 | 1 |   | 1 | 6 | 3 |
|---|---|---|---|---|---|---|---|---|
| 9 | 8 | 2 | 7 | 6 |   | 8 | 9 | 4 |
|   | 3 | 9 |   | 6 | 2 | 7 | 1 |   |
| 5 | 7 | 1 | 3 | 4 | 2 |   | 8 | 2 |
| 9 | 6 |   | 8 | 9 | 5 | 7 |   |   |
|   | 9 | 2 | 6 |   | 1 | 4 | 2 | 5 |
| 2 | 5 | 1 |   |   | 8 | 7 | 9 |   |
| 1 | 8 | 6 | 9 |   | 3 | 9 | 1 |   |
|   | 3 | 7 | 1 | 2 |   | 3 | 1 |   |
| 2 | 6 |   | 8 | 3 | 6 | 9 | 4 | 7 |
| 5 | 9 | 7 | 2 |   | 7 | 6 |   |   |
| 3 | 8 | 9 |   | 7 | 9 | 8 | 6 | 4 |
| 1 | 4 | 2 |   | 9 | 8 |   | 5 | 1 |

## 91

| 1 | 6 |   | 1 | 2 | 3 |   | 1 | 9 |
|---|---|---|---|---|---|---|---|---|
| 7 | 1 | 2 | 6 | 9 | 8 | 4 | 5 | 3 |
|   |   | 3 | 9 |   | 9 | 7 |   |   |
|   | 9 | 6 |   |   | 3 | 9 |   |   |
| 3 | 2 | 1 | 4 |   | 4 | 2 | 6 | 1 |
| 9 | 4 |   | 6 | 4 | 2 | 1 | 8 | 3 |
|   | 5 | 9 | 7 | 6 | 8 |   |   |   |
| 5 | 3 | 4 | 7 | 2 | 1 |   | 8 | 5 |
| 9 | 7 | 6 | 8 |   | 3 | 5 | 2 | 1 |
|   | 1 | 2 |   |   | 8 | 9 |   |   |
|   | 1 | 8 |   | 5 | 9 |   |   |   |
| 8 | 5 | 3 | 9 | 2 | 4 | 6 | 7 | 1 |
| 3 | 2 |   | 5 | 1 | 2 |   | 3 | 4 |

## 92

| 3 | 8 | 9 |   | 1 | 8 |   | 9 | 8 |
|---|---|---|---|---|---|---|---|---|
| 1 | 7 | 3 | 5 | 4 | 6 | 9 | 8 | 2 |
|   | 1 | 4 | 2 |   | 2 | 7 | 1 |   |
| 2 | 1 |   | 9 | 6 | 7 | 8 |   |   |
| 6 | 5 | 9 | 7 | 3 | 8 |   | 2 | 9 |
|   | 7 | 8 |   | 9 | 8 | 3 | 7 |   |
| 6 | 9 | 8 |   |   | 9 | 1 | 5 |   |
| 2 | 1 | 4 | 3 |   | 1 | 7 |   |   |
| 1 | 3 |   | 2 | 6 | 3 | 5 | 1 | 4 |
|   | 3 | 1 | 5 | 2 |   | 6 | 9 |   |
| 1 | 5 | 2 |   | 9 | 5 | 8 |   |   |
| 3 | 8 | 9 | 2 | 7 | 4 | 6 | 1 | 5 |
| 7 | 9 |   | 5 | 8 |   | 9 | 4 | 7 |

**93**

| 1 | 4 | 2 | 5 |   | 9 | 7 | 3 | 8 |
|---|---|---|---|---|---|---|---|---|
| 3 | 7 | 9 | 8 | 4 | 6 | 1 | 2 | 5 |
| 8 | 9 |   | 7 | 1 | 2 |   | 1 | 6 |
|   |   | 8 | 9 | 7 |   |   |   |   |
| 9 | 4 | 1 |   | 2 | 1 |   | 6 | 9 |
| 7 | 3 |   | 6 | 3 | 9 | 5 | 7 | 8 |
|   | 6 | 9 | 8 |   | 2 | 1 | 5 |   |
| 6 | 2 | 5 | 9 | 7 | 8 |   | 8 | 1 |
| 5 | 1 |   | 5 | 9 |   | 4 | 9 | 8 |
|   |   |   | 8 | 2 | 1 |   |   |   |
| 9 | 6 |   | 2 | 4 | 1 |   | 1 | 3 |
| 5 | 2 | 4 | 1 | 6 | 3 | 8 | 9 | 7 |
| 8 | 7 | 9 | 6 |   | 5 | 6 | 8 | 9 |

**94**

| 4 | 8 |   | 3 | 1 | 2 |   | 9 | 4 |
|---|---|---|---|---|---|---|---|---|
| 1 | 4 | 2 | 6 | 8 | 5 | 9 | 7 | 3 |
|   |   | 5 | 9 |   | 1 | 2 |   |   |
|   | 2 | 1 | 7 | 4 | 3 | 5 | 9 |   |
| 4 | 5 |   | 8 | 9 | 6 |   | 7 | 3 |
| 2 | 1 | 4 |   |   |   | 8 | 2 | 1 |
|   | 8 | 9 |   |   |   | 9 | 6 |   |
| 2 | 4 | 7 |   |   |   | 7 | 1 | 2 |
| 1 | 3 |   | 6 | 7 | 9 |   | 5 | 6 |
|   | 6 | 3 | 2 | 5 | 7 | 1 | 4 |   |
|   |   | 8 | 3 |   | 8 | 6 |   |   |
| 1 | 8 | 9 | 4 | 3 | 6 | 2 | 5 | 7 |
| 7 | 9 |   | 1 | 2 | 4 |   | 2 | 8 |

**95**

| 9 | 1 |   | 4 | 9 |   | 1 | 3 | 2 |
|---|---|---|---|---|---|---|---|---|
| 6 | 2 | 5 | 3 | 1 |   | 8 | 9 | 7 |
| 8 | 9 | 7 | 5 |   |   |   | 5 | 1 |
|   | 9 | 1 | 3 |   | 1 | 6 |   |   |
| 4 | 5 |   | 6 | 8 | 9 | 4 | 7 | 3 |
| 1 | 3 | 4 | 2 |   | 6 | 3 | 2 | 1 |
|   | 1 | 7 |   |   | 2 | 1 |   |   |
| 4 | 7 | 8 | 9 |   | 7 | 6 | 8 | 9 |
| 1 | 2 | 6 | 4 | 7 | 3 |   | 4 | 3 |
|   | 6 | 9 |   | 9 | 5 | 1 |   |   |
| 8 | 9 |   |   |   | 9 | 2 | 3 | 1 |
| 2 | 8 | 9 |   | 9 | 8 | 4 | 7 | 5 |
| 1 | 4 | 5 |   | 2 | 6 |   | 8 | 2 |

**96**

| 1 | 8 |   | 9 | 3 |   | 8 | 7 | 9 |
|---|---|---|---|---|---|---|---|---|
| 4 | 9 |   | 7 | 1 | 2 | 3 | 4 | 6 |
|   | 6 | 1 |   | 2 | 9 |   | 2 | 8 |
| 1 | 4 | 2 |   |   | 3 | 2 | 1 | 5 |
| 5 | 7 | 4 | 9 | 3 | 1 | 6 | 8 |   |
|   | 3 | 7 | 2 |   |   |   | 5 | 2 |
| 9 | 4 |   | 5 | 1 | 2 |   | 3 | 1 |
| 5 | 1 |   |   | 6 | 8 | 9 |   |   |
|   | 7 | 9 | 2 | 5 | 1 | 4 | 3 | 6 |
| 9 | 8 | 7 | 5 |   |   | 7 | 6 | 9 |
| 8 | 3 |   | 1 | 4 |   | 6 | 2 |   |
| 7 | 6 | 8 | 4 | 9 | 3 |   | 4 | 8 |
| 6 | 2 | 1 |   | 2 | 1 |   | 1 | 9 |

## 97

| | 6 | 7 | 5 | | | 3 | 1 | 6 | |
|---|---|---|---|---|---|---|---|---|---|
| 7 | 3 | 9 | 2 | | 9 | 6 | 8 | 5 | |
| 9 | 5 | | 8 | 9 | | | 9 | 3 | |
| 6 | 2 | 3 | 1 | 4 | | | 7 | 1 | |
| | 1 | 5 | | | 1 | 3 | 4 | 2 | |
| 1 | 7 | 6 | | 6 | 9 | 8 | | | |
| 3 | 4 | 8 | 6 | 2 | 7 | 9 | 5 | 1 | |
| | | 7 | 3 | 1 | | 4 | 1 | 2 | |
| 7 | 5 | 9 | 8 | | | 6 | 4 | | |
| 8 | 1 | | | 8 | 9 | 7 | 6 | 5 | |
| 9 | 3 | | | 1 | 4 | | 3 | 2 | |
| 6 | 2 | 1 | 4 | | 3 | 6 | 2 | 1 | |
| | 4 | 7 | 9 | | 7 | 9 | 8 | | |

## 98

| 3 | 1 | 2 | | | | 1 | 2 | 4 |
|---|---|---|---|---|---|---|---|---|
| 9 | 6 | 8 | 7 | | 8 | 3 | 1 | 2 |
| 7 | 2 | 5 | 1 | | 9 | 4 | | |
| 8 | 3 | 6 | | | | 5 | 9 | |
| | 4 | 9 | 6 | | 5 | 7 | 8 | 9 |
| | | 7 | 9 | 6 | 3 | 2 | 4 | 8 |
| 2 | 1 | | | 8 | 2 | 4 | | 2 | 7 |
| 9 | 3 | 4 | 7 | 1 | 2 | 5 | | |
| 3 | 2 | 1 | 4 | | 1 | 2 | 8 | |
| | 6 | 9 | | | | 8 | 9 | 6 |
| | | 3 | 1 | | 3 | 1 | 5 | 2 |
| 8 | 9 | 7 | 4 | | 9 | 6 | 7 | 4 |
| 1 | 7 | 2 | | | | 3 | 6 | 1 |

## 99

| 8 | 7 | 9 | 5 | | 3 | 2 | 1 | 4 |
|---|---|---|---|---|---|---|---|---|
| 9 | 1 | 4 | 3 | 7 | 6 | 5 | 2 | 8 |
| 6 | 3 | | 1 | 5 | | 6 | 3 | 9 |
| | 5 | 9 | | | 7 | 9 | | |
| 1 | 2 | 4 | 7 | | 4 | 8 | 1 | 9 |
| 6 | 4 | | 8 | 1 | | 4 | 2 | 6 |
| | | 6 | 9 | 4 | 8 | 7 | | |
| 5 | 2 | 1 | | 2 | 1 | | 7 | 1 |
| 9 | 6 | 8 | 7 | | 7 | 9 | 8 | 4 |
| | | 4 | 9 | | | 1 | 3 | |
| 8 | 1 | 2 | | 9 | 8 | | 6 | 1 |
| 9 | 6 | 5 | 8 | 2 | 1 | 7 | 4 | 3 |
| 5 | 2 | 3 | 1 | | 2 | 8 | 9 | 6 |

## 100

| | | 8 | 1 | | 9 | 3 | | |
|---|---|---|---|---|---|---|---|---|
| | 6 | 9 | 8 | | 8 | 1 | 6 | |
| 8 | 5 | 1 | | | | 5 | 7 | 1 |
| 9 | 1 | | 1 | 8 | 3 | | 9 | 7 |
| 7 | 2 | 1 | 6 | 9 | 5 | 4 | 8 | 3 |
| | 3 | 4 | 9 | | 1 | 3 | 4 | |
| | | 2 | 4 | | 9 | 6 | | |
| | 9 | 5 | 8 | | 2 | 1 | 3 | |
| 4 | 8 | 3 | 5 | 6 | 7 | 2 | 9 | 1 |
| 1 | 2 | | 2 | 5 | 4 | | 8 | 5 |
| 2 | 7 | 1 | | | | 8 | 6 | 4 |
| | 6 | 9 | 4 | | 5 | 9 | 7 | |
| | | 7 | 1 | | 1 | 3 | | |

## 101

| 8 | 1 |   | 5 | 3 | 7 |   | 4 | 9 |
|---|---|---|---|---|---|---|---|---|
| 9 | 3 |   | 6 | 1 | 5 | 4 | 3 | 7 |
| 6 | 2 | 1 |   | 4 | 9 | 6 | 7 | 8 |
|   | 7 | 4 | 3 | 2 |   | 9 | 5 |   |
| 9 | 6 | 3 | 2 |   |   |   | 2 | 5 |
| 7 | 5 | 2 | 1 | 3 |   | 2 | 1 | 9 |
|   |   | 7 | 5 | 9 | 8 | 6 |   |   |
| 7 | 9 | 6 |   | 2 | 5 | 3 | 4 | 1 |
| 1 | 5 |   |   |   | 7 | 4 | 9 | 8 |
|   | 7 | 4 |   | 7 | 9 | 5 | 8 |   |
| 4 | 3 | 2 | 1 | 6 |   | 1 | 7 | 2 |
| 7 | 6 | 8 | 5 | 9 | 4 |   | 6 | 4 |
| 9 | 8 |   | 2 | 8 | 1 |   | 3 | 1 |

## 102

| 3 | 8 |   | 1 | 2 |   | 1 | 2 | 5 |
|---|---|---|---|---|---|---|---|---|
| 8 | 9 |   | 7 | 9 | 3 | 5 | 6 | 8 |
| 2 | 3 | 1 |   | 1 | 4 |   | 9 | 7 |
| 1 | 7 | 3 | 2 |   | 6 | 7 | 8 | 9 |
|   | 6 | 7 | 9 | 5 | 8 |   |   |   |
| 1 | 4 | 2 |   | 6 | 1 |   | 6 | 2 |
| 3 | 9 | 4 | 8 | 7 | 2 | 6 | 5 | 1 |
| 2 | 7 |   | 9 | 8 |   | 9 | 8 | 7 |
|   | 1 | 5 | 3 | 2 | 4 |   |   |   |
| 2 | 1 | 3 | 4 |   | 9 | 8 | 5 | 6 |
| 4 | 9 |   | 6 | 4 |   | 7 | 3 | 9 |
| 1 | 4 | 5 | 7 | 3 | 2 |   | 2 | 8 |
| 6 | 8 | 9 |   | 9 | 4 |   | 1 | 3 |

## 103

| 3 | 6 |   | 4 | 7 | 9 |   | 1 | 3 |
|---|---|---|---|---|---|---|---|---|
| 5 | 8 | 2 | 1 | 3 | 7 | 4 | 6 | 9 |
|   | 7 | 4 | 2 |   | 1 | 2 | 3 |   |
| 5 | 9 | 7 |   |   |   | 1 | 2 | 6 |
| 2 | 3 | 1 | 5 |   | 3 | 6 | 9 | 8 |
| 1 | 5 |   | 9 | 7 | 8 |   | 5 | 9 |
|   |   |   | 7 | 1 | 9 |   |   |   |
| 2 | 1 |   | 6 | 2 | 7 |   | 9 | 8 |
| 9 | 7 | 6 | 8 |   | 4 | 3 | 2 | 1 |
| 8 | 3 | 2 |   |   |   | 7 | 3 | 2 |
|   | 4 | 3 | 2 |   | 7 | 9 | 6 |   |
| 3 | 2 | 1 | 6 | 7 | 5 | 8 | 4 | 9 |
| 8 | 6 |   | 4 | 9 | 1 |   | 1 | 6 |

## 104

| 9 | 3 |   |   | 3 | 5 |   | 9 | 1 |
|---|---|---|---|---|---|---|---|---|
| 8 | 5 |   | 3 | 1 | 2 | 6 | 7 | 4 |
| 7 | 1 | 3 | 2 |   |   | 9 | 5 |   |
|   |   | 1 | 4 |   | 9 | 8 |   |   |
|   | 5 | 2 | 1 | 3 | 7 |   | 1 | 2 |
| 8 | 9 | 6 | 7 | 5 |   |   | 4 | 7 |
| 3 | 7 | 4 | 5 | 1 | 2 | 9 | 6 | 8 |
| 1 | 8 |   |   | 4 | 6 | 7 | 8 | 9 |
| 2 | 6 |   | 1 | 2 | 4 | 5 | 3 |   |
|   |   | 4 | 8 |   | 1 | 3 |   |   |
|   | 6 | 1 |   |   | 5 | 8 | 9 | 7 |
| 8 | 9 | 7 | 5 | 6 | 3 |   | 2 | 1 |
| 3 | 5 |   |   | 1 | 9 |   | 8 | 3 |

**105**

| 4 | 5 |   | 5 | 9 | 7 |   | 8 | 9 |
|---|---|---|---|---|---|---|---|---|
| 3 | 4 | 7 | 2 | 5 | 1 |   | 7 | 8 |
|   | 8 | 9 | 3 |   | 5 | 8 | 9 |   |
| 4 | 2 | 6 | 1 | 3 |   | 2 | 6 | 1 |
| 1 | 6 | 8 |   | 4 | 2 | 1 | 5 | 3 |
| 7 | 9 |   | 1 | 9 | 4 | 5 |   |   |
| 2 | 7 | 9 | 3 |   | 5 | 7 | 9 | 8 |
|   |   | 8 | 2 | 9 | 1 |   | 7 | 1 |
| 6 | 9 | 7 | 4 | 8 |   | 1 | 3 | 2 |
| 2 | 7 | 5 |   | 6 | 1 | 2 | 5 | 3 |
|   | 2 | 4 | 1 |   | 2 | 9 | 8 |   |
| 4 | 1 |   | 7 | 9 | 3 | 8 | 6 | 5 |
| 9 | 3 |   | 9 | 8 | 7 |   | 2 | 1 |

**106**

| 8 | 4 |   | 1 | 9 |   | 4 | 2 | 1 |
|---|---|---|---|---|---|---|---|---|
| 6 | 3 | 2 | 5 | 7 | 4 | 9 | 1 | 8 |
| 5 | 1 | 4 |   | 6 | 2 | 1 |   |   |
|   | 5 | 9 | 8 | 3 | 6 |   | 1 | 7 |
| 8 | 7 |   | 2 | 3 | 1 |   | 3 | 9 |
| 2 | 1 | 6 | 3 |   | 6 | 9 | 7 |   |
| 5 | 3 | 8 |   |   | 8 | 6 | 9 |   |
|   | 5 | 7 | 6 |   | 8 | 3 | 4 | 1 |
| 9 | 2 |   | 8 | 9 | 7 |   | 2 | 3 |
| 8 | 4 | 6 | 2 | 5 | 1 | 3 |   |   |
|   | 9 | 1 | 7 |   | 6 | 1 | 2 |   |
| 1 | 4 | 7 | 3 | 8 | 6 | 9 | 2 | 5 |
| 7 | 9 | 8 |   | 3 | 1 |   | 5 | 9 |

**107**

| 4 | 2 | 1 |   | 2 | 7 |   | 3 | 9 |
|---|---|---|---|---|---|---|---|---|
| 7 | 5 | 9 | 3 | 1 | 6 | 4 | 2 | 8 |
| 9 | 7 |   | 9 | 8 |   | 2 | 1 | 7 |
| 8 | 4 | 2 |   |   | 9 | 7 | 5 |   |
|   | 3 | 1 |   |   | 2 | 1 |   |   |
| 6 | 9 |   | 1 | 3 |   | 6 | 8 |   |
| 1 | 6 | 7 | 5 | 8 | 2 | 3 | 4 | 9 |
|   | 8 | 9 |   | 9 | 6 |   | 2 | 3 |
|   |   | 5 | 4 |   |   | 9 | 6 |   |
|   | 3 | 2 | 1 |   |   | 1 | 3 | 5 |
| 5 | 9 | 8 |   | 9 | 7 |   | 5 | 7 |
| 2 | 7 | 6 | 5 | 8 | 4 | 3 | 1 | 9 |
| 1 | 8 |   | 2 | 6 |   | 9 | 7 | 8 |

**108**

| 3 | 1 |   | 5 | 1 |   | 7 | 3 | 9 |
|---|---|---|---|---|---|---|---|---|
| 2 | 9 | 1 | 6 | 4 | 7 | 8 | 5 | 3 |
| 7 | 8 | 4 | 9 |   | 4 | 9 |   |   |
| 1 | 2 |   | 4 | 3 | 2 | 5 | 6 | 1 |
|   |   |   | 1 | 5 |   | 8 | 5 |   |
| 6 | 1 |   | 3 | 8 |   | 8 | 9 | 6 |
| 8 | 6 | 9 | 7 |   | 1 | 2 | 4 | 3 |
| 3 | 2 | 1 |   | 5 | 3 |   | 7 | 2 |
| 7 | 3 |   | 3 | 1 |   |   |   |   |
| 9 | 4 | 5 | 7 | 8 | 6 |   | 2 | 1 |
|   |   | 3 | 9 |   | 1 | 7 | 8 | 2 |
| 4 | 5 | 1 | 8 | 6 | 2 | 9 | 7 | 3 |
| 5 | 9 | 2 |   | 9 | 3 |   | 9 | 8 |

**109**

| 7 | 9 |   | 9 | 5 |   | 1 | 8 | 4 |
| 5 | 8 |   | 4 | 1 | 6 | 7 | 2 | 3 |
|   | 7 | 4 |   | 6 | 9 |   | 7 | 2 |
| 1 | 3 | 2 |   |   | 5 | 2 | 3 | 1 |
| 3 | 6 | 1 | 7 | 2 | 8 | 4 | 5 |   |
|   |   | 8 | 9 | 3 |   |   | 9 | 8 |
| 1 | 6 |   | 3 | 1 | 6 |   | 6 | 5 |
| 5 | 8 |   |   | 6 | 9 | 7 |   |   |
|   | 5 | 1 | 7 | 4 | 8 | 9 | 6 | 2 |
| 5 | 2 | 4 | 1 |   |   | 3 | 4 | 1 |
| 9 | 3 |   | 6 | 4 |   | 8 | 7 |   |
| 7 | 4 | 5 | 3 | 2 | 1 |   | 8 | 1 |
| 8 | 1 | 9 |   | 1 | 3 |   | 9 | 7 |

**110**

|   | 6 | 5 | 7 |   |   | 1 | 3 |   |
|   | 7 | 2 | 1 | 3 |   | 7 | 2 | 1 |
| 2 | 8 | 3 |   |   | 8 | 9 | 5 | 6 |
| 5 | 9 | 7 | 8 |   | 5 | 8 | 3 |   |
|   | 1 | 4 | 2 | 3 | 6 |   |   |   |
|   | 7 | 4 |   | 4 | 9 |   | 1 | 9 |
| 2 | 9 | 5 | 6 | 3 | 7 | 1 | 4 | 8 |
| 1 | 3 |   | 9 | 1 |   | 6 | 9 |   |
|   | 6 | 7 | 5 | 1 | 8 |   |   |   |
|   | 3 | 1 | 8 |   | 7 | 4 | 1 | 2 |
| 3 | 1 | 2 | 4 |   |   | 5 | 2 | 4 |
| 9 | 6 | 8 |   | 9 | 8 | 7 | 3 |   |
| 7 | 2 |   |   | 5 | 1 | 2 |   |   |

**111**

|   | 8 | 7 |   |   |   | 8 | 7 |   |
| 9 | 7 | 2 | 8 | 4 | 1 | 5 | 6 | 3 |
| 1 | 4 |   | 9 | 8 | 7 |   | 5 | 1 |
|   | 1 | 2 | 3 |   | 2 | 1 | 8 |   |
| 6 | 9 | 5 |   |   |   | 6 | 9 | 7 |
| 1 | 2 | 3 | 5 |   | 6 | 2 | 3 | 1 |
|   |   | 1 | 7 |   | 8 | 3 |   |   |
| 7 | 1 | 4 | 9 |   | 9 | 8 | 7 | 2 |
| 9 | 7 | 6 |   |   |   | 9 | 5 | 1 |
|   | 3 | 8 | 1 |   | 9 | 4 | 3 |   |
| 9 | 8 |   | 2 | 6 | 1 |   | 1 | 8 |
| 5 | 4 | 1 | 6 | 9 | 8 | 7 | 2 | 3 |
|   | 5 | 7 |   |   |   | 6 | 4 |   |

**112**

| 4 | 7 | 9 |   | 8 | 5 |   | 1 | 6 |
| 2 | 6 | 1 |   | 7 | 3 | 1 | 2 | 9 |
| 1 | 5 |   | 5 | 9 | 7 | 3 | 6 |   |
|   | 3 | 1 | 2 | 5 |   | 2 | 7 | 1 |
| 1 | 9 | 5 | 3 | 6 | 2 |   | 8 | 3 |
| 4 | 8 | 9 |   | 4 | 1 | 5 | 3 | 2 |
|   | 2 | 7 |   | 8 | 9 |   |   |   |
| 4 | 7 | 8 | 9 | 6 |   | 8 | 7 | 9 |
| 1 | 2 |   | 2 | 3 | 1 | 6 | 4 | 7 |
| 3 | 4 | 9 |   | 5 | 8 | 7 | 9 |   |
|   | 3 | 1 | 9 | 2 | 5 |   | 3 | 1 |
| 3 | 1 | 2 | 6 | 4 |   | 4 | 8 | 7 |
| 9 | 5 |   | 7 | 1 |   | 8 | 6 | 9 |

## 113

| 5 | 9 |   | 3 | 1 | 6 |   | 5 | 8 |
|---|---|---|---|---|---|---|---|---|
| 3 | 7 | 6 | 9 | 4 | 8 | 1 | 2 | 5 |
|   |   | 2 | 1 |   | 9 | 3 |   |   |
| 9 | 1 | 7 |   |   | 5 | 4 | 3 | 1 |
| 8 | 6 | 9 | 4 | 7 |   | 6 | 8 | 9 |
|   | 2 | 8 | 3 | 9 | 7 | 5 | 4 |   |
|   |   |   | 1 | 3 | 2 |   |   |   |
|   | 4 | 3 | 2 | 6 | 5 | 1 | 7 |   |
| 8 | 9 | 1 |   | 8 | 6 | 5 | 9 | 7 |
| 7 | 8 | 6 | 9 |   |   | 3 | 8 | 5 |
|   |   | 4 | 6 |   | 7 | 2 |   |   |
| 1 | 5 | 2 | 8 | 7 | 9 | 4 | 6 | 3 |
| 2 | 1 |   | 4 | 1 | 2 |   | 5 | 1 |

## 114

| 8 | 6 | 9 | 4 |   | 8 | 9 | 7 |   |
|---|---|---|---|---|---|---|---|---|
| 2 | 1 | 3 | 5 |   | 4 | 2 | 1 |   |
| 5 | 3 | 8 | 9 | 1 | 7 | 4 | 2 | 6 |
| 9 | 2 |   | 8 | 4 | 9 |   | 3 | 9 |
|   |   | 8 | 6 |   | 2 | 1 |   |   |
| 5 | 1 | 2 |   | 1 | 5 | 3 | 2 | 6 |
| 9 | 2 |   | 2 | 4 | 6 |   | 1 | 8 |
| 8 | 3 | 6 | 7 | 9 |   | 3 | 7 | 9 |
|   |   | 4 | 9 |   | 3 | 4 |   |   |
| 9 | 8 |   | 3 | 7 | 1 |   | 9 | 5 |
| 8 | 6 | 1 | 5 | 9 | 4 | 2 | 7 | 3 |
|   | 9 | 6 | 4 |   | 5 | 9 | 8 | 7 |
|   | 4 | 2 | 1 |   | 2 | 3 | 4 | 1 |

## 115

| 8 | 1 |   | 2 | 4 | 1 |   | 2 | 4 |
|---|---|---|---|---|---|---|---|---|
| 4 | 2 | 1 | 7 | 9 | 6 | 8 | 5 | 3 |
|   | 4 | 3 |   |   | 9 | 6 |   |   |
| 9 | 5 |   | 6 | 1 | 2 |   | 3 | 5 |
| 2 | 3 | 1 | 9 | 5 | 6 | 8 | 4 | 7 |
|   | 7 | 5 | 8 | 9 |   | 7 | 1 |   |
|   |   | 3 | 7 |   | 3 | 6 |   |   |
|   | 8 | 2 |   | 2 | 1 | 5 | 3 |   |
| 5 | 6 | 4 | 3 | 8 | 2 | 9 | 7 | 1 |
| 8 | 9 |   | 8 | 9 | 7 |   | 6 | 8 |
|   | 7 | 9 |   |   | 1 | 5 |   |   |
| 2 | 5 | 6 | 7 | 3 | 8 | 4 | 9 | 1 |
| 1 | 4 |   | 9 | 8 | 6 |   | 8 | 5 |

## 116

| 6 | 3 |   | 2 | 9 | 8 |   | 8 | 9 |
|---|---|---|---|---|---|---|---|---|
| 9 | 5 |   | 1 | 4 | 2 | 3 | 6 | 7 |
|   | 6 | 9 | 4 | 8 |   | 1 | 7 |   |
| 6 | 9 | 8 |   |   | 2 | 4 | 9 | 1 |
| 2 | 4 | 1 |   |   | 1 | 2 | 5 | 3 |
| 3 | 8 |   | 6 | 2 | 4 | 5 |   |   |
| 1 | 7 | 4 | 8 | 9 | 3 | 6 | 5 | 2 |
|   |   | 8 | 9 | 7 | 6 |   | 9 | 3 |
| 8 | 5 | 9 | 7 |   |   | 9 | 1 | 7 |
| 3 | 1 | 2 | 4 |   |   | 5 | 2 | 1 |
|   | 4 | 1 |   | 9 | 1 | 8 | 4 |   |
| 5 | 3 | 6 | 9 | 8 | 7 |   | 7 | 6 |
| 1 | 2 |   | 1 | 3 | 2 |   | 6 | 1 |

**117**

```
1 4 . 6 8 9 . 1 9
7 9 5 3 4 8 1 2 6
. . 7 1 . 7 4 . .
. 5 9 . . 4 2 1 .
1 2 6 4 3 . 7 9 8
4 1 8 9 5 7 3 2 6
. . 3 1 5 . . . .
3 4 7 6 2 8 9 5 1
1 2 3 . 4 9 7 8 6
. 8 2 3 . . 3 1 .
. 8 2 . 2 5 . . .
2 4 6 1 7 3 8 5 9
6 3 . 4 9 8 . 1 8
```

**118**

```
1 9 2 4 . 9 7 2 8
3 8 1 2 . 3 6 1 2
. 5 6 7 8 9 . . .
. 6 7 1 2 4 8 5 .
3 5 . 3 1 5 . 2 4
8 7 9 5 . 6 4 9 8
. 1 8 . . 1 7 . .
4 2 6 1 . 5 2 1 7
6 3 . 2 1 3 . 6 8
. 4 2 7 5 6 1 3 .
. 4 8 6 7 9 . . .
8 7 3 9 . 8 6 9 1
3 2 1 6 . 9 8 7 4
```

**119**

```
9 8 3 . 9 7 . 4 1
1 6 2 8 5 4 7 9 3
. 2 1 6 4 . 6 8 5
8 3 5 9 . 3 9 . .
4 5 . . 8 2 4 . .
. 1 2 . 6 4 8 7 9
3 9 6 8 . 1 2 3 6
1 4 3 6 2 . 5 2 .
. . 5 7 4 . . 6 7
. . 8 9 . 1 7 4 2
2 7 1 . 7 3 8 9 .
1 8 4 7 3 2 9 5 6
5 9 . 3 2 . 4 1 2
```

**120**

```
5 1 . 9 7 3 . 2 1
9 6 7 8 5 1 4 3 2
. 3 2 4 1 . 8 9 5
1 8 9 . 9 7 1 . .
7 9 . . 6 3 1 2 .
. 5 2 . 8 1 . 9 6
9 7 3 6 2 8 4 5 1
5 4 . 8 1 . 6 4 .
1 2 3 5 . . 3 8 .
. 8 9 6 . 1 2 4 .
3 2 1 . 4 9 8 6 .
9 5 2 3 1 8 4 7 6
8 1 . 1 2 7 . 8 7
```

## 121

```
 1  2  .  3  9  8  .  6  1
 4  6  5  2  1  7  3  9  8
 .  .  3  1  .  9  8  .  .
 .  2  1  .  3  6  2  1  .
 6  9  4  3  7  .  1  3  7
 5  8  2  7  1  3  4  6  9
 .  .  .  9  6  8  .  .  .
 8  7  2  5  4  6  1  9  3
 9  8  7  .  5  9  6  8  7
 .  1  3  4  2  .  2  4  .
 .  .  1  8  .  1  4  .  .
 1  5  4  7  9  2  3  8  6
 5  9  .  9  8  5  .  4  7
```

## 122

```
 .  9  8  .  5  3  .  7  3
 6  8  4  .  9  7  6  8  4
 5  6  2  3  4  .  3  5  1
 .  .  1  2  .  9  7  .  .
 9  5  3  7  4  8  2  6  1
 3  1  .  9  6  7  4  8  3
 .  .  5  1  .  4  1  .  .
 5  2  7  4  1  3  .  7  9
 9  1  6  8  3  5  7  2  4
 .  .  9  6  .  1  6  .  .
 9  4  8  .  3  2  5  1  4
 6  2  3  4  1  .  8  7  9
 7  1  .  8  7  .  9  2  .
```

## 123

```
 6  3  1  .  7  3  .  9  7
 9  7  5  8  6  2  4  3  1
 8  9  .  1  2  .  7  8  9
 .  4  1  2  .  6  8  .  .
 1  6  2  .  4  2  3  1  5
 3  8  .  1  7  .  2  9  8
 .  .  3  8  9  7  6  .  .
 1  8  4  .  8  4  .  5  9
 7  9  5  8  6  .  1  2  3
 .  .  2  1  .  9  8  4  .
 5  2  1  .  9  6  .  9  8
 9  5  6  7  8  1  4  3  2
 8  7  .  3  1  .  9  1  7
```

## 124

```
 7  9  5  8  .  4  8  5  1
 1  7  3  2  .  8  9  7  4
 2  3  1  .  1  2  4  .  .
 9  8  4  6  3  7  .  8  5
 .  .  2  1  .  3  2  4  1
 4  7  .  3  1  .  6  9  .
 3  6  9  2  8  5  1  7  4
 .  2  1  .  7  1  .  6  1
 7  9  8  6  .  .  2  8  .
 6  8  .  4  7  6  9  5  8
 .  .  6  2  4  .  5  1  2
 3  7  9  1  .  8  7  3  9
 6  9  8  3  .  9  6  2  5
```

If you enjoyed the puzzles in this book, look out for

KAKURO
MANIA

OVER 100
TOTALLY
ADDICTIVE
NUMBER
PUZZLES

THE LATEST PUZZLE
CRAZE – MORE CHALLENGING
THAN SUDOKU